Francisco Cândido Xavier

PÃO NOSSO

PELO ESPÍRITO
DE
EMMANUEL

1950
FEDERAÇÃO ESPÍRITA BRASILEIRA
(Departamento Editorial)
Rua Figueira de Melo, 410 e Avenida Passos, 30
RIO DE JANEIRO

Esclarecimento ao Leitor

Esta nova edição procura contemplar o texto do autor espiritual Emmanuel, psicografado por Francisco Cândido Xavier, conforme registrado na primeira edição, arquivada e disponível para consulta nos acervos da FEB (Patrimônio do Livro e Biblioteca de Obras Raras).

Dessa forma, as modificações ocorrerão apenas no caso de haver incorreção patente quanto à norma culta vigente da Língua Portuguesa no momento da publicação, ou para atender às diretrizes de normalização editorial previstas no *Manual de Editoração da FEB*, sem prejuízo para o conteúdo da obra nem para o estilo do autor espiritual.

Quando se tratar de caso específico que demandar explicação própria, esta virá como nota de rodapé, para facilitar a compreensão textual.

Para a redação de cada nota explicativa, sempre que necessário foram consultados especialistas das áreas afetas ao tema, como historiadores e linguistas.

A FEB reitera, com esse procedimento, seu respeito às fontes originais e ao fenômeno mediúnico de excelência que foi sempre a marca registrada do inesquecível médium Francisco Cândido Xavier.

FEB Editora
Brasília (DF), 2 de setembro de 2022.

Chico Xavier
Pelo Espírito Emmanuel

Pão nosso

COLEÇÃO FONTE VIVA

Copyright © 1950 by
FEDERAÇÃO ESPÍRITA BRASILEIRA – FEB

1ª edição – 1ª impressão – 6 mil exemplares – 9/2022

ISBN 978-65-5570-415-0

Esta obra foi revisada com base no texto da primeira edição de 1950.

Todos os direitos reservados. Nenhuma parte desta publicação pode ser reproduzida, armazenada ou transmitida, total ou parcialmente, por quaisquer métodos ou processos, sem autorização do detentor do *copyright*.

FEDERAÇÃO ESPÍRITA BRASILEIRA – FEB
SGAN 603 – Conjunto F – Avenida L2 Norte
70830-106 – Brasília (DF) – Brasil
www.febeditora.com.br
editorial@febnet.org.br
+55 61 2101 6161

Pedidos de livros à FEB
Comercial
Tel.: (61) 2101 6161 – comercial@febnet.org.br

O selo da capa é referente à premiação 2015 *Illumination Book Awards*.
A tradução em inglês deste título – *Our Daily Bread* – ganhou medalha de bronze na categoria de literatura *Christian Thought*, no *2015 Illumination Book Awards*, realizada pelo Jenkins Group. O julgamento foi baseado em conteúdo, design e qualidade da produção, com ênfase na inovação e formas criativas de expressar uma visão de mundo cristã.

Dados Internacionais de Catalogação na Publicação (CIP)
(Federação Espírita Brasileira – Biblioteca de Obras Raras)

E54p   Emmanuel (Espírito)

        Pão nosso / pelo Espírito Emmanuel; [psicografado por] Francisco Cândido Xavier – 1. ed. – 1. imp. – Brasília: FEB, 2022.

        396 p.; 23 cm – (Coleção Fonte viva; 2)

        Inclui índice das obras por capítulos e versículos e índice geral

        ISBN 978-65-5570-415-0

        1. Jesus Cristo – Interpretações espíritas. 2. Bíblia e Espiritismo. 3. Obras psicografadas. I. Xavier, Francisco Cândido, 1910–2002. II. Federação Espírita Brasileira. III. Título. IV. Coleção.

CDD 133.93
CDU 133.7
CDE 20.03.00

Sumário

Esclarecimento ao Leitor 2
No serviço cristão 13

1	Mãos à obra..	15
2	Pensa um pouco	17
3	O arado..	19
4	Arte de servir...	21
5	Salários..	23
6	Valei-vos da luz...	25
7	A semente..	27
8	Ansiedades	29
9	Homens de fé	31
10	Sentimentos fraternais	33
11	O bem é incansável	35
12	Pensaste nisso?..	37
13	Estações necessárias	39
14	Páginas..	41
15	Pensamentos..	43
16	A quem obedeces?	45
17	Intercessão..	47
18	Provas de fogo	49
19	Falsas alegações...	51
20	A marcha...	53
21	Mar alto	55
22	Inconstantes	57

23	Não é de todos	59
24	Filhos pródigos	61
25	Nas estradas	63
26	Trabalhos imediatos	65
27	Esmagamento do mal	67
28	E os fins?	69
29	A vinha	71
30	Convenções	73
31	Com caridade	75
32	Cadáveres	77
33	Trabalhemos também	79
34	Lugar deserto	81
35	O Cristo operante	83
36	Até ao fim	85
37	Seria inútil	87
38	Conta particular	89
39	Convite ao bem	91
40	Em preparação	93
41	No futuro	95
42	Sempre vivos	97
43	Boas maneiras	99
44	Curas	101
45	Quando orardes	103
46	Vós, entretanto	105
47	O problema de agradar	107
48	Compreendamos	109
49	Velho argumento	111
50	Preserva a ti próprio	113

51	Socorre a ti mesmo	115
52	Perigos sutis	117
53	Em cadeias	119
54	Razão dos apelos	121
55	Coisas invisíveis	123
56	Êxitos e insucessos	125
57	Perante Jesus	127
58	Contribuir	129
59	Sigamos até lá	131
60	Lógica da Providência	133
61	O homem com Jesus	135
62	Jesus para o homem	137
63	O Senhor dá sempre	139
64	Melhor sofrer no bem	141
65	Tenhamos paz	143
66	Boa vontade	145
67	Má vontade	147
68	Necessário acordar	149
69	Hoje	151
70	Elogios	153
71	Sacudir o pó	155
72	Contempla mais longe	157
73	Aprendamos quanto antes	159
74	Más palestras	161
75	Murmurações	163
76	As testemunhas	165
77	Responder	167
78	Segundo a carne	169

79	O "mas" e os discípulos	171
80	O "não" e a luta	173
81	No paraíso	175
82	Em espírito	177
83	Conforme o amor	179
84	Levantando mãos santas	181
85	E o adúltero?	183
86	Intentar e agir	185
87	Pondera sempre	187
88	Correções	189
89	Bem-aventuranças	191
90	O trabalhador divino	193
91	Isso é contigo	195
92	Deus não desampara	197
93	O Evangelho e a mulher	199
94	Sexo	201
95	Esta é a mensagem	203
96	Justamente por isso	205
97	Conserva o modelo	207
98	Evita contender	209
99	Com ardente amor	211
100	Rendamos graças	213
101	Resiste à tentação	215
102	Nós e César	217
103	Cruz e disciplina	219
104	Direito sagrado	221
105	Observação primordial	223
106	Há muita diferença	225

107	Piedade	227
108	Oração	229
109	Três imperativos	231
110	Magnetismo pessoal	233
111	Granjeai amigos	235
112	Tabernáculos eternos	237
113	Tua fé	239
114	Novos atenienses	241
115	A porta	243
116	Ouçam-nos	245
117	Em família	247
118	É para isto	249
119	Ajuda sempre	251
120	Conciliação	253
121	Monturo	255
122	Pecado e pecador	257
123	Condição comum	259
124	Não falta	261
125	Separação	263
126	O espinho	265
127	Lei de retorno	267
128	É porque ignoram	269
129	Ao partir do pão	271
130	Onde estão?	273
131	O mundo e a crença	275
132	Em tudo	277
133	O grande futuro	279
134	Nutrição espiritual	281

135	Renovação necessária	283
136	Conflito	285
137	Inimigos	287
138	Vejamos isto	289
139	Oferendas	291
140	Saibamos lembrar	293
141	Amor fraternal	295
142	Revides	297
143	Não tiranizes	299
144	Fazei preparativos	301
145	Obreiros	303
146	Seguir a verdade	305
147	Não é só	307
148	Ceifeiros	309
149	Crer em vão	311
150	É o mesmo	313
151	Ninguém se retira	315
152	De que modo?	317
153	Não tropecemos	319
154	Os contrários	321
155	Contra a insensatez	323
156	Céu com céu	325
157	O filho egoísta	327
158	Governo interno	329
159	A posse do Reino	331
160	A grande luta	333
161	Vós, que dizeis?	335
162	Manifestações espirituais	337

163	Agradecer	339
164	O diabo	341
165	Falsos discursos	343
166	Cura do ódio	345
167	Entendimento	347
168	De madrugada	349
169	Olhos	351
170	A língua	353
171	Lei do uso	355
172	Que despertas?	357
173	Como testemunhar	359
174	Espiritismo na fé	361
175	Tratamento de obsessões	363
176	Na revelação da vida	365
177	Guardemos saúde mental	367
178	Combate interior	369
179	Entendamos servindo	371
180	Crê e segue	373

Índice das obras por capítulos e versículos 375
Índice geral 381
Tabela de Edições: *Pão nosso* 391

No serviço cristão

Porque todos devemos comparecer ante o tribunal do Cristo, para que cada um receba segundo o que tiver feito, estando no corpo, o bem ou o mal.
PAULO (*II Coríntios*, 5:10.)

    Não falta quem veja no Espiritismo mero campo de experimentação fenomênica, sem qualquer significação de ordem moral para as criaturas.

Muitos aprendizes da Consoladora Doutrina, desse modo, limitam-se às investigações de laboratório ou se limitam a discussões filosóficas.

É imperioso reconhecer, todavia, que há tantas categorias de homens desencarnados, quantas são as dos encarnados.

Entidades discutidoras, levianas, rebeldes e inconstantes transitam em toda parte. Além disso, incógnitas e problemas surgem para os habitantes dos dois planos.

Em vista de semelhantes razões, os adeptos do progresso efetivo do mundo, distanciados da vida física, pugnam pelo Espiritismo com Jesus, convertendo-nos o intercâmbio em fator de espiritualidade santificante.

Acreditamos que não se deve atacar outro círculo de vida, quando não nos encontramos interessados em melhorar a personalidade naquele em que respiramos.

Não vale pesquisar recursos que não nos dignifiquem.

Eis por que para nós outros, que supomos trazer o coração acordado para a responsabilidade de viver, Espiritismo não expressa simples convicção de imortalidade: é clima de serviço e edificação.

Não adianta guardar a certeza na sobrevivência da alma, além da morte, sem o preparo terrestre na direção da vida espiritual. E nesse esforço de habilitação, não dispomos de outro guia mais sábio e mais amoroso que o Cristo.

Somente à luz de suas lições sublimes, é possível reajustar o caminho, renovar a mente e purificar o coração.

Nem tudo o que é admirável é divino.

Nem tudo o que é grande é respeitável.

Nem tudo o que é belo é santo.

Nem tudo o que é agradável é útil.

O problema não é apenas de saber. É o de reformar-se cada um para a extensão do bem.

Afeiçoemo-nos, pois, ao Evangelho sentido e vivido, compreendendo o imperativo de nossa iluminação interior, porque, segundo a palavra oportuna e sábia do Apóstolo, "todos devemos comparecer ante o tribunal do Cristo, a fim de recebermos, de acordo com o que realizamos, estando no corpo, o bem ou o mal."

EMMANUEL
Pedro Leopoldo (MG), 22 de fevereiro de 1950.

1
Mãos à obra

Que fareis, pois, irmãos? Quando vos ajuntais, cada um de vós tem salmo, tem doutrina, tem revelação, tem língua, tem interpretação. Faça-se tudo para edificação.
PAULO (*I Coríntios*, 14:26.)

A igreja de Corinto lutava com certas dificuldades mais fortes, quando Paulo lhe escreveu a observação aqui transcrita.

O conteúdo da carta apreciava diversos problemas espirituais dos companheiros do Peloponeso, mas podemos insular o versículo e aplicá-lo a certas situações dos novos agrupamentos cristãos, formados no ambiente do Espiritismo, na revivescência do Evangelho.

Quase sempre notamos intensa preocupação nos trabalhadores, por novidades em fenomenologia e revelação.

Alguns núcleos costumam paralisar atividades quando não dispõem de médiuns adestrados.

Por quê?

Médium algum solucionará, em definitivo, o problema fundamental da iluminação dos companheiros.

Nossa tarefa espiritual seria absurda se estivesse circunscrita à frequência mecânica de muitos, a um centro qualquer, simplesmente para assinalarem o esforço de alguns poucos.

Convençam-se os discípulos de que o trabalho e a realização pertencem a todos e que é imprescindível se movimente cada qual no serviço edificante que lhe compete. Ninguém alegue ausência de novidades, quando vultosas concessões da esfera superior aguardam a firme decisão do aprendiz de boa vontade, no sentido de conhecer a vida e elevar-se.

Quando vos reunirdes, lembrai a doutrina e a revelação, o poder de falar e de interpretar de que já sois detentores e colocai mãos à obra do bem e da luz, no aperfeiçoamento indispensável.

2
Pensa um pouco

*As obras que eu faço em nome de meu
Pai, essas testificam de mim.*
JESUS (*João*, 10:25.)

    É vulgar a preocupação do homem comum, relativamente às tradições familiares e aos institutos terrestres a que se prende, nominalmente, exaltando-se nos títulos convencionais que lhe identificam a personalidade.

    Entretanto, na vida verdadeira, criatura alguma é conhecida por semelhantes processos. Cada Espírito traz consigo a história viva dos próprios feitos e somente as obras efetuadas dão a conhecer o valor ou o demérito de cada um.

    Com o enunciado, não desejamos significar que a palavra esteja desprovida de suas vantagens indiscutíveis; todavia, é necessário compreender-se que o verbo é também profundo potencial recebido da Infinita Bondade, como recurso divino, tornando-se indispensável saber o que estamos realizando com esse dom do Senhor Eterno.

A afirmativa de Jesus, nesse particular, reveste-se de imperecível beleza.

Que diríamos de um Salvador que estatuísse regras para a Humanidade, sem partilhar-lhe as dificuldades e impedimentos?

O Cristo iniciou a missão divina entre homens do campo, viveu entre doutores irritados e pecadores rebeldes, uniu-se a doentes e aflitos, comeu o duro pão dos pescadores humildes e terminou a tarefa santa entre dois ladrões.

Que mais desejas? Se aguardas vida fácil e situações de evidência no mundo, lembra-te do Mestre e pensa um pouco.

3
O arado

*E Jesus lhe disse: – Ninguém que lança mão do arado
e olha para trás é apto para o Reino de Deus.*
(Lucas, 9:62.)

Aqui, vemos Jesus utilizar na edificação do Reino Divino um dos mais belos símbolos.

Efetivamente, se desejasse, o Mestre criaria outras imagens. Poderia reportar-se às leis do mundo, aos deveres sociais, aos textos da profecia, mas prefere fixar o ensinamento em bases mais simples.

O arado é aparelho de todos os tempos. É pesado, demanda esforço de colaboração entre o homem e a máquina, provoca suor e cuidado e, sobretudo, fere a terra para que produza. Constrói o berço das sementeiras e, à sua passagem, o terreno cede para que a chuva, o sol e os adubos sejam convenientemente aproveitados.

É necessário, pois, que o discípulo sincero tome lições com o Divino Cultivador, abraçando-se ao arado da responsabilidade, na luta edificante, sem dele retirar as mãos, de modo a evitar prejuízos graves à "terra de si mesmo".

Meditemos nas oportunidades perdidas, nas chuvas de misericórdia que caíram sobre nós e que se foram sem qualquer aproveitamento para nosso espírito, no sol de amor que nos vem vivificando há muitos milênios, nos adubos preciosos que temos recusado, por preferirmos a ociosidade e a indiferença.

Examinemos tudo isso e reflitamos no símbolo de Jesus.

Um arado promete serviço, disciplina, aflição e cansaço; no entanto, não se deve esquecer que, depois dele, chegam semeaduras e colheitas, pães no prato e celeiros guarnecidos.

4
Arte de servir

*Bem como o Filho do homem não veio
para ser servido, mas para servir.*
Jesus (*Mateus*, 20:28.)

    Em companhia do espírito de serviço, estaremos sempre bem guardados. A Criação inteira nos reafirma esta verdade com clareza absoluta.
    Dos reinos inferiores às mais altas esferas, todas as coisas servem a seu tempo.
    A Lei do Trabalho, com a divisão e a especialização nas tarefas, prepondera nos mais humildes elementos, nos variados setores da Natureza.
    Essa árvore curará enfermidades, aquela outra produzirá frutos. Há pedras que contribuem na construção do lar; outras existem calçando os caminhos.
    O Pai forneceu ao filho homem a casa planetária, onde cada objeto se encontra em lugar próprio, aguardando somente o esforço digno e a palavra de ordem, para ensinar à criatura a arte de servir. Se lhe foi doada

a pólvora destinada à libertação da energia e se a pólvora permanece utilizada por instrumento de morte aos semelhantes, isto corre por conta do usufrutuário da moradia terrestre, porque o supremo Senhor em tudo sugere a prática do bem, objetivando a elevação e o enriquecimento de todos os valores do Patrimônio Universal.

Não olvidemos que Jesus passou entre nós, trabalhando. Examinemos a natureza de sua cooperação sacrificial e aprendamos com o Mestre a felicidade de servir santamente.

Podes começar hoje mesmo.

Uma enxada ou uma caçarola constituem excelentes pontos de início. Se te encontras enfermo, de mãos inabilitadas para a colaboração direta, podes principiar mesmo assim, servindo na edificação moral de teus irmãos.

5
Salários

E contentai-vos com o vosso soldo.
João Batista (*Lucas*, 3:14.)

A resposta de João Batista aos soldados, que lhe rogavam esclarecimentos, é modelo de concisão e bom senso.

Muita gente se perde através de inextricáveis labirintos, em virtude da compreensão deficiente acerca dos problemas de remuneração na vida comum.

Operários existem que reclamam salários devidos a ministros, sem cogitarem das graves responsabilidades que, não raro, convertem os administradores do mundo em vítimas da inquietação e da insônia, quando não seja em mártires de representações e banquetes.

Há homens cultos que vendem a paz do lar em troca da dilatação de vencimentos.

Inúmeras pessoas seguem, da mocidade à velhice do corpo, ansiosas e descrentes, enfermas e aflitas, por não se conformarem com os ordenados mensais que as circunstâncias do caminho humano lhes assinalam, dentro dos Imperscrutáveis Desígnios.

Não é por demasia de remuneração que a criatura se integrará nos quadros divinos.

Se um homem permanece consciente quanto aos deveres que lhe competem, quanto mais altamente pago, estará mais intranquilo.

Desde muito, esclarece a filosofia popular que para a grande nau surgirá a grande tormenta. Contentar-se cada servidor com o próprio salário é prova de elevada compreensão, ante a justiça do Todo-Poderoso.

Antes, pois, de analisar o pagamento da Terra, habitua-te a valorizar as concessões do Céu.

6
Valei-vos da luz

Andai enquanto tendes a luz, para que as trevas não vos apanhem.
Jesus (*João*, 12:35.)

O homem de meditação encontrará pensamentos divinos, analisando o passado e o futuro. Ver-se-á colocado entre duas eternidades – a dos dias que se foram e a que lhe acena do porvir.

Examinando os tesouros do presente, descobrirá suas oportunidades preciosas.

No futuro, antevê a bendita luz da imortalidade, enquanto que no pretérito se localizam as trevas da ignorância, dos erros praticados, das experiências mal vividas. Esmagadora maioria de personalidades humanas não possui outra paisagem, com respeito ao passado próximo ou remoto, senão essa, constituída de ruína e desencanto, compelindo-as a revalorizar os recursos em mão.

A vida humana, pois, apesar de transitória, é a chama que vos coloca em contato com o serviço de que necessitais para a ascensão justa. Nesse abençoado ensejo, é possível resgatar, corrigir, aprender, ganhar, conquistar, reunir, reconciliar e enriquecer-se no Senhor.

Refleti na observação do Mestre e apreender-lhe-eis o luminoso sentido. Andai enquanto tendes a luz, disse Ele.

Aproveitai a dádiva de tempo recebida, no trabalho edificante.

Afastai-vos da condição inferior, adquirindo mais alto entendimento.

Sem os característicos de melhoria e aprimoramento no ato de marcha, sereis dominados pelas trevas, isto é, anulareis vossa oportunidade santa, tornando aos impulsos menos dignos e regressando, em seguida à morte do corpo, ao mesmo sítio de sombras de onde emergistes para vencer novos degraus na sublime montanha da vida.

7
A semente

E, quando semeias, não semeias o corpo que há de nascer, mas o simples grão de trigo ou de outra qualquer semente.
PAULO (*I Coríntios*, 15:37.)

Nos serviços da Natureza, a semente reveste-se, aos nossos olhos, do sagrado papel de sacerdotisa do Criador e da Vida.

Gloriosa herdeira do Poder Divino, coopera na evolução do mundo e transmite silenciosa e sublime lição, tocada de valores infinitos, à criatura.

Exemplifica sabiamente a necessidade dos pontos de partida, as requisições justas de trabalho, os lugares próprios, os tempos adequados.

Há homens inquietos e insaciados que ainda não conseguiram compreendê-la. Exigem as grandes obras de um dia para outro, impõem medidas tirânicas pela força das ordenações ou das armas ou pretendem trair as leis profundas da Natureza; aceleram os processos da ambição, estabelecem domínio transitório, alardeiam mentirosas conquistas, incham-se e caem, sem nenhuma edificação santificadora para si ou para outrem.

Não souberam aprender com a semente minúscula que lhes dá trigo ao pão de cada dia e lhes garante a vida, em todas as regiões de luta planetária.

Saber começar constitui serviço muito importante.

No esforço redentor, é indispensável que não se percam de vista as possibilidades pequeninas: um gesto, uma palestra, uma hora, uma frase pode representar sementes gloriosas para edificações imortais. Imprescindível, pois, jamais desprezá-las.

8
Ansiedades

Lançando sobre ele toda a vossa ansiedade,
porque ele tem cuidado de vós.
(I Pedro, 5:7.)

As ansiedades armam muitos crimes e jamais edificam algo de útil na Terra.

Invariavelmente, o homem precipitado conta com todas as probabilidades contra si.

Opondo-se às inquietações angustiosas, falam as lições de paciência da Natureza, em todos os setores do caminho humano.

Se o homem nascesse para andar ansioso, seria dizer que veio ao mundo, não na categoria de trabalhador em tarefa santificante, mas por desesperado sem remissão.

Se a criatura refletisse mais sensatamente, reconheceria o conteúdo de serviço que os momentos de cada dia lhe podem oferecer e saberia vigiar, com acentuado valor, os patrimônios próprios.

Indubitável que as paisagens se modificarão, incessantemente, compelindo-nos a enfrentar surpresas desagradáveis, decorrentes de nossa atitude inadequada, na alegria ou na dor; contudo, representa impositivo da lei a nossa obrigação de prosseguir diariamente, na direção do bem.

A ansiedade tentará violentar corações generosos, porque as estradas terrenas desdobram muitos ângulos obscuros e problemas de solução difícil; entretanto, não nos esqueçamos da receita de Pedro.

Lança as inquietudes sobre as tuas esperanças em Nosso Pai Celestial, porque o Divino Amor cogita do bem-estar de todos nós.

Justo é desejar, firmemente, a vitória da luz, buscar a paz com perseverança, disciplinar-se para a união com os planos superiores, insistir por sintonizar-se com as esferas mais altas. Não olvides, porém, que a ansiedade precede sempre a ação de cair.

9
Homens de fé

*Todo aquele, pois, que escuta estas minhas palavras
e as pratica, assemelhá-lo-ei ao homem prudente
que edificou a sua casa sobre a rocha.*
Jesus (*Mateus*, 7:24.)

Os grandes pregadores do Evangelho sempre foram interpretados à conta de expressões máximas do Cristianismo, na galeria dos tipos veneráveis da fé; entretanto, isso somente aconteceu quando os instrumentos da verdade, efetivamente, não olvidaram a vigilância indispensável ao justo testemunho.

É interessante verificar que o Mestre destaca, entre todos os discípulos, aquele que lhe ouve os ensinamentos e os pratica. Daí se conclui que os homens de fé não são aqueles apenas palavrosos e entusiastas, mas os que são portadores igualmente da atenção e da boa vontade, perante as lições de Jesus, examinando-lhes o conteúdo espiritual para o trabalho de aplicação no esforço diário.

Reconforta-nos assinalar que todas as criaturas em serviço no campo evangélico seguirão para as maravilhas interiores da fé. Todavia, cabe-nos salientar, em todos os tempos, o subido valor dos homens moderados que, registando[1] os ensinos e avisos da Boa-Nova, cuidam, desvelados, da solução de todos os problemas do dia ou da ocasião, sem permitir que suas edificações individuais se processem, longe das bases cristãs imprescindíveis.

Em todos os serviços, o concurso da palavra é sagrado e indispensável, mas aprendiz algum deverá esquecer o sublime valor do silêncio, a seu tempo, na obra superior do aperfeiçoamento de si mesmo, a fim de que a ponderação se faça ouvida, dentro da própria alma, norteando-lhe os destinos.

---

[1] N.E.: Forma pouco usual para o verbo "registrar".

10
Sentimentos fraternais

Quanto, porém, à caridade fraternal, não necessitais de que vos escreva, visto que vós mesmos estais instruídos por Deus que vos ameis uns aos outros.
Paulo (*I Tessalonicenses*, 4:9.)

Forte contrassenso que desorganiza a contribuição humana, no divino edifício do Cristianismo, é o impulso sectário que atormenta enormes fileiras de seus seguidores.

Mais reflexão, mais ouvidos ao ensinamento de Jesus e essas batalhas injustificáveis estariam para sempre apagadas.

Ainda hoje, com as manifestações do Plano Espiritual na renovação do mundo, a cada momento surgem grupos e personalidades solicitando fórmulas do Além para que se integrem no campo da fraternidade pura.

Que esperam, entretanto, os companheiros esclarecidos para serem efetivamente irmãos uns dos outros?

Muita gente se esquece de que a solidariedade legítima escasseia nos ambientes onde é reduzido o espírito de serviço e onde sobra a preocupação de criticar. Instituições notáveis são conduzidas à perturbação e ao extermínio, em vista da ausência do auxílio mútuo, no terreno da compreensão, do trabalho e da boa vontade.

Falta de assistência? Não.

Toda obra honesta e generosa repercute nos planos mais altos, conquistando cooperadores abnegados.

Quando se verifique a invasão da desarmonia nos institutos do bem, que os agentes humanos acusem a si mesmos pela defecção nos compromissos assumidos ou pela indiferença ao ato de servir. E que ninguém peça ao Céu determinadas receitas de fraternidade, porque a fórmula sagrada e imutável permanece conosco no "amai-vos uns aos outros".

11
O bem é incansável

E vós, irmãos, não vos canseis de fazer o bem.
Paulo (*II Tessalonicenses*, 3:13.)

É muito comum encontrarmos pessoas que se declaram cansadas de praticar o bem. Estejamos, contudo, convictos de que semelhantes alegações não procedem de fonte pura.

Somente aqueles que visam determinadas vantagens aos interesses particularistas, na zona do imediatismo, adquirem o tédio vizinho da desesperação, quando não podem atender a propósitos egoísticos.

É indispensável muita prudência quando essa ou aquela circunstância nos induz a refletir nos males que nos assaltam, depois do bem que julgamos haver semeado ou nutrido.

O aprendiz sincero não ignora que Jesus exerce o seu ministério de amor sem exaurir-se, desde o princípio da organização planetária. Relativamente aos nossos casos pessoais, muita vez terá o Mestre sentido o espinho de nossa ingratidão, identificando-nos o recuo aos trabalhos da nossa própria iluminação; todavia, nem mesmo verificando-nos os desvios voluntários e criminosos, jamais se esgotou a paciência do Cristo que nos corrige, amando, e tolera, edificando, abrindo-nos misericordiosos braços para a atividade renovadora.

Se Ele nos tem suportado e esperado através de tantos séculos, por que não poderemos experimentar de ânimo firme algumas pequenas decepções durante alguns dias?

A observação de Paulo aos tessalonicenses, portanto, é muito justa. Se nos entediarmos na prática do bem, semelhante desastre expressará em verdade que ainda nos não foi possível a emersão do mal de nós mesmos.

12
Pensaste nisso?

*Sabendo que brevemente hei de deixar este
meu tabernáculo, segundo o que também nosso
Senhor Jesus Cristo já mo tem revelado.*
(II Pedro, 1:14.)

Se muitas vezes grandes vozes do Cristianismo se referiram a supostos crimes da carne, é necessário mencionar as fraquezas do "eu", as inferioridades do próprio espírito, sem concentrar falsas acusações ao corpo, como se este representasse o papel de verdugo implacável, separado da alma, que lhe seria, então, prisioneira e vítima.

Reparamos que Pedro denominava o organismo como sendo o seu tabernáculo.

O corpo humano é um conjunto de células aglutinadas ou de fluidos terrestres que se reúnem, sob as leis planetárias, oferecendo ao Espírito a santa oportunidade de aprender, valorizar, reformar e engrandecer a vida.

Frequentemente o homem, qual operário ocioso ou perverso, imputa ao instrumento útil as más qualidades de que se acha acometido. O corpo é concessão da Misericórdia Divina para que a alma se prepare ante o glorioso porvir.

Longe da indébita acusação à carne, reflitamos nos milênios despendidos na formação desse tabernáculo sagrado no campo evolutivo.

Já pensaste que és um Espírito imortal, dispondo, na Terra, por algum tempo, de valiosas potências concedidas por Deus às tuas exigências de trabalho?

Tais potências formam-te o corpo.

Que fazes de teus pés, de tuas mãos, de teus olhos, de teu cérebro? Sabes que esses poderes te foram confiados para honrar o Senhor iluminando a ti mesmo? Medita nestas interrogações e santifica teu corpo, nele encontrando o templo divino.

13
Estações necessárias

Arrependei-vos, pois, e convertei-vos, para que sejam apagados os vossos pecados e venham assim os tempos do refrigério pela presença do Senhor.
(*Atos*, 3:19.)

Os crentes inquietos quase sempre admitem que o trabalho de redenção se processa em algumas providências convencionais e que apenas com certa atividade externa já se encontram de posse dos títulos mais elevados, junto aos Mensageiros Divinos.

A maioria dos católicos-romanos pretende a isenção das dificuldades com as cerimônias exteriores, muitos protestantes acreditam na plena identificação com o Céu tão só pela enunciação de alguns hinos, enquanto enorme percentagem de espiritistas se crê na intimidade de supremas revelações apenas pelo fato de haver frequentado algumas sessões.

Tudo isso constitui preparação valiosa, mas não é tudo.

Há um esforço iluminativo para o interior, sem o qual homem algum penetrará o santuário da Verdade Divina.

A palavra de Pedro à massa popular contém a síntese do vasto programa de transformação essencial a que toda criatura se submeterá para a felicidade da união com o Cristo. Há estações indispensáveis para a realização, porquanto ninguém atingirá de vez a eterna claridade da culminância.

Antes de tudo, é imprescindível que o culpado se arrependa, reconhecendo a extensão e o volume das próprias faltas e que se converta, a fim de alcançar a época de refrigério pela presença do Senhor nele próprio. Aí chegado, habilitar-se-á para a construção do Reino Divino em si mesmo.

Se, realmente, já compreendes a missão do Evangelho, identificarás a estação em que te encontras e estarás informado quanto aos serviços que deves levar a efeito para demandar a seguinte.

14
Páginas

Mas a sabedoria que vem do alto é primeiramente pura, depois pacífica, moderada, tratável, cheia de misericórdia e de bons frutos, sem parcialidade e sem hipocrisia.
(*Tiago*, 3:17.)

Toda página escrita tem alma e o crente necessita auscultar-lhe a natureza. O exame sincero esclarecerá imediatamente a que esfera pertence, no círculo de atividade destruidora no mundo ou no centro dos esforços de edificação para a vida espiritual.

Primeiramente, o leitor amigo da verdade e do bem analisar-lhe-á as linhas, para ajuizar da pureza do seu conteúdo, compreendendo que, se as suas expressões foram nascidas de fontes superiores, aí encontrará os sinais inequívocos da paz, da moderação, da afabilidade fraternal, da compreensão amorosa e dos bons frutos, enfim.

Mas, se a página reflete os venenos sutis da parcialidade humana, semelhante mensagem do pensamento não procede das esferas mais nobres da vida. Ainda que se origine da ação dos Espíritos desencarnados, supostamente superiores, a folha que não faça benefício em harmonia e construção fraternal é, apenas, reflexo de condições inferiores.

Examina, pois, as páginas de teu contato com o pensamento alheio, diariamente, e faze companhia àquelas que te desejam elevação. Não precisas das que se te figurem mais brilhantes, mas daquelas que te façam melhor.

15
Pensamentos

Quanto ao mais, irmãos, tudo o que é verdadeiro, tudo o que é honesto, tudo o que é justo, tudo o que é puro, tudo o que é amável, tudo o que é de boa fama, se há alguma virtude e se há algum louvor, nisso pensai.
PAULO (*Filipenses*, 4:8.)

Todas as obras humanas constituem a resultante do pensamento das criaturas. O mal e o bem, o feio e o belo viveram, antes de tudo, na fonte mental que os produziu, nos movimentos incessantes da vida.

O Evangelho consubstancia o roteiro generoso para que a mente do homem se renove nos caminhos da espiritualidade superior, proclamando a necessidade de semelhante transformação, rumo aos planos mais altos. Não será tão somente com os primores intelectuais da Filosofia que o discípulo iniciará seus esforços em realização desse teor. Renovar pensamentos não é tão fácil como parece à primeira vista. Demanda muita capacidade de renúncia e profunda dominação de si mesmo, qualidades que o homem não consegue alcançar sem trabalho e sacrifício do coração. É por isso que muitos servidores modificam expressões verbais, julgando que refundiram pensamentos. Todavia, no instante de recapitular, pela repetição das circunstâncias, as experiências redentoras, encontram, de novo, análogas perturbações, porque os obstáculos e as sombras permanecem na mente, quais fantasmas ocultos.

Pensar é criar. A realidade dessa criação pode não exteriorizar-se, de súbito, no campo dos efeitos transitórios, mas o objeto formado pelo poder mental vive no mundo íntimo, exigindo cuidados especiais para o esforço de continuidade ou extinção.

O conselho de Paulo aos filipenses apresenta sublime conteúdo. Os discípulos que puderem compreender-lhe a essência profunda, buscando ver o lado verdadeiro, honesto, justo, puro e amável de todas as coisas, cultivando-o, em cada dia, terão encontrado a divina equação.

16
A quem obedeces?

E, sendo ele consumado, veio a ser a causa de eterna salvação para todos os que lhe obedecem.
Paulo (*Hebreus*, 5:9.)

Toda criatura obedece a alguém ou a alguma coisa. Ninguém permanece sem objetivo.

A própria rebeldia está submetida às forças corruptoras da vida.

O homem obedece a toda hora. Entretanto, se ainda não pôde definir a própria submissão por virtude construtiva, é que, não raro, atende, antes de tudo, aos impulsos baixos da natureza, resistindo ao serviço de autoelevação.

Quase sempre transforma a obediência que o salva em escravidão que o condena. O Senhor estabeleceu as gradações do caminho, instituiu a lei do próprio esforço, na aquisição dos supremos valores da vida, e determinou que o homem lhe aceitasse os desígnios para ser verdadeiramente livre, mas a criatura preferiu atender à sua condição de inferioridade e organizou o cativeiro. O discípulo necessita examinar atentamente o campo em que desenvolve a própria tarefa.

A quem obedeces? Acaso, atendes, em primeiro lugar, às vaidades humanas ou às opiniões alheias, antes de observares o conselho do Mestre Divino?

É justo refletir sempre, quanto a isso, porque somente quando atendemos, em tudo, aos ensinamentos vivos de Jesus, é que podemos quebrar a escravidão do mundo em favor da libertação eterna.

17
Intercessão

Irmãos, orai por nós.
Paulo (*I Tessalonicenses*, 5:25.)

Muitas criaturas sorriem ironicamente quando se lhes fala das orações intercessórias.

O homem habituou-se tanto ao automatismo teatral que encontra certa dificuldade no entendimento das mais profundas manifestações de espiritualidade. A prece intercessória, todavia, prossegue espalhando benefícios com os seus valores inalterados. Não é justo acreditar seja essa oração o incenso bajulatório a derramar-se na presença de um monarca terrestre a fim de obtermos certos favores.

A súplica da intercessão é dos mais belos atos de fraternidade e constitui a emissão de forças benéficas e iluminativas que, partindo do espírito sincero, vão ao objetivo visado por abençoada contribuição de conforto e energia. Isso não acontece, porém, a pretexto de obséquio, mas em consequência de leis justas. O homem custa a crer na influenciação das ondas invisíveis do pensamento; contudo, o espaço que o cerca está cheio de sons que os seus ouvidos materiais não registam[2]; só admite o auxílio tangível; no entanto, na própria natureza física, veem-se árvores venerandas que protegem e conservam ervas e arbustos, a lhes receberem as bênçãos da vida, sem lhes tocarem jamais as raízes e os troncos.

Não olvides os bens da intercessão.

Jesus orou por seus discípulos e seguidores, nas horas supremas.

---

[2] N.E.: Ver nota no capítulo 9.

18
Provas de fogo

E o fogo provará qual seja a obra de cada um.
Paulo (*I Coríntios*, 3:13.)

A indústria mecanizada dos tempos modernos muito se refere às provas de fogo para positivar a resistência de suas obras e, ponderando o feito, recordemos que o Evangelho, igualmente, se reporta a essas provas, há quase vinte séculos, com respeito às aquisições espirituais.

Escrevendo aos coríntios, Paulo imagina os obreiros humanos construindo sobre o único fundamento, que é Jesus Cristo, organizando cada qual as próprias realizações, de conformidade com os recursos evolutivos.

Cada discípulo, entretanto, deve edificar o trabalho que lhe é peculiar, convicto de que os tempos de luta descobri-lo-ão aos olhos de todos, para que se efetue reto juízo acerca de sua qualidade.

O aperfeiçoamento do mundo, na feição material, pode fornecer a imagem do que seja a importância dessas aferições de grande vulto. A Terra permanece cheia de fortunas, posições, valores e inteligências que não suportam as provas de fogo; mal se aproximam os movimentos purificadores, descem, precipitadamente, os degraus da miséria, da ruína, da decadência. No serviço do Cristo, também é justo que o aprendiz aguarde o momento de verificação das próprias possibilidades. O caráter, o amor, a fé, a paciência, a esperança representam conquistas para a vida eterna, realizadas pela criatura, com o auxílio santo do Mestre, mas todos os discípulos devem contar com as experiências necessárias que, no instante oportuno, lhe provarão as qualidades espirituais.

19
Falsas alegações

Que tenho eu contigo, Jesus, Filho do Deus Altíssimo? Peço-te que não me atormentes.
(*Lucas*, 8:28.)

O caso do Espírito perturbado que sentiu a aproximação de Jesus, recebendo-lhe a presença com furiosas indagações, apresenta muitos aspectos dignos de estudo.

A circunstância de suplicar ao Divino Mestre que não o atormentasse requer muita atenção por parte dos discípulos sinceros.

Quem poderá supor o Cristo capaz de infligir tormentos a quem quer que seja? E, no caso, trata-se de uma entidade ignorante e perversa que, nos íntimos desvarios, muito já padecia por si mesma. A vizinhança do Mestre, contudo, trazia-lhe claridade suficiente para contemplar o martírio da própria consciência, atolada num pântano de crimes e defecções tenebrosas. A luz castigava-lhe as trevas interiores e revelava-lhe a nudez dolorosa e digna de comiseração.

O quadro é muito significativo para quantos fogem das verdades religiosas da vida, categorizando-lhe o conteúdo à conta de amargo elixir de angústia e sofrimento. Esses espíritos indiferentes e gozadores costumam afirmar que os serviços da fé alagam o caminho de lágrimas, enevoando o coração.

Tais afirmativas, no entanto, denunciam-nos. Em maior ou menor escala, são companheiros do irmão infeliz que acusava Jesus por ministro de tormentos.

20
A marcha

Importa, porém, caminhar hoje, amanhã e no dia seguinte.
JESUS (*Lucas*, 13:33.)

Importa seguir sempre, em busca da edificação espiritual definitiva. Indispensável caminhar, vencendo obstáculos e sombras, transformando todas as dores e dificuldades em degraus de ascensão.

Traçando o seu programa, referia-se Jesus à marcha na direção de Jerusalém, onde o esperava a derradeira glorificação pelo martírio. Podemos aplicar, porém, o ensinamento às nossas experiências incessantes no roteiro da Jerusalém de nossos testemunhos redentores.

É imprescindível, todavia, esclarecer a característica dessa jornada para a aquisição dos bens eternos.

Acreditam muitos que caminhar é invadir as situações de evidência no mundo, conquistando posições de destaque transitório ou trazendo as mais vastas expressões financeiras ao círculo pessoal.

Entretanto, não é isso.

Nesse particular, os chamados "homens de rotina" talvez detenham maiores probabilidades a seu favor.

A personalidade dominante, em situações efêmeras, tem a marcha inçada de perigos, de responsabilidades complexas, de ameaças atrozes. A sensação de altura aumenta a sensação de queda.

É preciso caminhar sempre, mas a jornada compete ao Espírito eterno, no terreno das conquistas interiores.

Muitas vezes, certas criaturas que se presumem nos mais altos pontos da viagem, para a Sabedoria Divina se encontram apenas paralisadas na contemplação de fogos-fátuos.

Que ninguém se engane nas estações de falso repouso.

Importa trabalhar, conhecer-se, iluminar-se e atender ao Cristo, diariamente. Para fixarmos semelhante lição em nós, temos nascido na Terra, partilhando-lhe as lutas, gastando-lhe os corpos e nela tornaremos a renascer.

21
Mar alto

E, quando acabou de falar, disse a Simão: faze-te ao mar alto, e lançai as vossas redes para pescar.
(Lucas, 5:4.)

Este versículo nos leva a meditar nos companheiros de luta que se sentem abandonados na experiência humana.

Inquietante sensação de soledade lhes corta o coração.

Choram de saudade, de dor, renovando as amarguras próprias.

Acreditam que o destino lhes reservou a taça da infinita amargura.

Rememoram, compungidos, os dias da infância, da juventude, das esperanças crestadas nos conflitos do mundo.

No íntimo, experimentam, a cada instante, o vago tropel das reminiscências que lhes dilatam as impressões de vazio.

Entretanto, essas horas amargas pertencem a todas as criaturas mortais.

Se alguém as não viveu em determinada região do caminho, espere a sua oportunidade, porquanto, de modo geral, quase todo Espírito se retira da carne, quando os frios sinais de inverno se multiplicam em torno.

Em surgindo, pois, a tua época de dificuldade, convence-te de que chegaram para tua alma os dias de serviço em "mar alto", o tempo de procurar os valores justos, sem o incentivo de certas ilusões da experiência material. Se te encontras sozinho, se te sentes ao abandono, lembra-te de que, além do túmulo, há companheiros que te assistem e esperam carinhosamente.

O Pai nunca deixa os filhos desamparados; assim, se te vês presentemente sem laços domésticos, sem amigos certos na paisagem transitória do planeta, é que Jesus te enviou a pleno mar da experiência, a fim de provares tuas conquistas em supremas lições.

22
Inconstantes

Porque o que duvida é semelhante à onda do mar, que é levada pelo vento e lançada de uma para outra parte.
(*Tiago*, 1:6.)

Inegavelmente existe uma dúvida científica e filosófica no mundo que, alojada em corações leais, constitui precioso estímulo à posse de grandes e elevadas convicções; entretanto, Tiago refere-se aqui à inconstância do homem que, procurando receber os benefícios divinos, na esfera das vantagens particularistas, costuma perseguir variadas situações no terreno da pesquisa intelectual sem qualquer propósito de confiar nos valores substanciais da vida.

Quem se preocupa em transpor diversas portas, em movimento simultâneo, acaba sem atravessar porta alguma.

A leviandade prejudica as criaturas em todos os caminhos, mormente nas posições de trabalho, nas enfermidades do corpo e nas relações afetivas.

Para que alguém ajuíze com acerto, com respeito a determinada experiência, precisa enumerar quantos anos gastou dentro dela, vivendo-lhe as características.

Necessitamos, acima de tudo, confiar sinceramente na Sabedoria e na Bondade do Altíssimo, compreendendo que é indispensável perseverar com alguém ou com alguma causa que nos ajude e edifique.

Os inconstantes permanecem figurados na onda do mar, absorvida pelo vento e atirada de uma para outra parte.

Quando servires ou quando aguardares as bênçãos do Alto, não te deixes conduzir pela inquietude doentia. O Pai dispõe de inumeráveis instrumentos para administrar o bem e é sempre o mesmo Senhor paternal, através de todos eles. A dádiva chegará, mas depende de ti, da maneira de procederes na luta construtiva, persistindo ou não na confiança, sem a qual o Divino Poder encontra obstáculos naturais para exprimir-se em teu caminho.

23
Não é de todos

*E para que sejamos livres de homens dissolutos
e maus, porque a fé não é de todos.*
PAULO (*II Tessalonicenses*, 3:2.)

Dirigindo-se aos irmãos de Tessalônica, o Apóstolo dos Gentios rogou-lhes concurso em favor dos trabalhos evangélicos, para que o serviço do Senhor estivesse isento dos homens maus e dissolutos, justificando o apelo com a declaração de que a fé não é de todos.

Através das palavras de Paulo, percebe-se-lhe a certeza de que as criaturas perversas se aproximariam dos núcleos de trabalho cristianizante, que a malícia delas poderia causar-lhes prejuízos e que era necessário mobilizar os recursos do espírito contra semelhante influência.

O grande convertido, em poucas palavras, gravou advertência de valor infinito, porque, em verdade, a cor religiosa caracterizará a vestimenta exterior de comunidades inteiras, mas a fé será patrimônio somente daqueles que trabalham sem medir sacrifícios, por instalá-la no santuário do próprio mundo íntimo. A rotulagem de cristianismo será exibida por qualquer pessoa; todavia, a fé cristã revelar-se-á pura, incondicional e sublime em raros corações. Muita gente deseja assenhorear-se dela, como se fora mera letra de câmbio, enquanto que inúmeros aprendizes do Evangelho a invocam, precipitados, qual se fora borboleta erradia. Esquecem-se, porém, de que se as necessidades materiais do corpo reclamam esforço pessoal diário, as necessidades essenciais do espírito nunca serão solucionadas pela expectação inoperante.

Admitir a verdade, procurá-la e acreditar nela são atitudes para todos; contudo, reter a fé viva constitui a realização divina dos que trabalharam, porfiaram e sofreram por adquiri-la.

24
Filhos pródigos

E, caindo em si, disse: – Quantos jornaleiros de meu pai têm abundância de pão, e eu aqui pereço de fome!
(*Lucas*, 15:17.)

Examinando-se a figura do filho pródigo, toda gente idealiza um homem rico, dissipando possibilidades materiais nos festins do mundo.

O quadro, todavia, deve ser ampliado, abrangendo as modalidades diferentes.

Os filhos pródigos não respiram somente onde se encontra o dinheiro em abundância. Acomodam-se em todos os campos da atividade humana, resvalando de posições diversas.

Grandes cientistas da Terra são perdulários da inteligência, destilando venenos intelectuais, indignos das concessões de que foram aquinhoados. Artistas preciosos gastam, por vezes, inutilmente, a imaginação e a sensibilidade, através de aventuras mesquinhas, caindo, afinal, nos desvãos do relaxamento e do crime.

Em toda parte, vemos os dissipadores de bens, de saber, de tempo, de saúde, de oportunidades...

São eles que, contemplando os corações simples e humildes, em marcha para Deus, possuídos de verdadeira confiança, experimentam a enorme angústia da inutilidade e, distantes da paz íntima, exclamam desalentados:

– "Quantos trabalhadores pequeninos guardam o pão da tranquilidade, enquanto a fome de paz me tortura o espírito!"

O mundo permanece repleto de filhos pródigos e, de hora a hora, milhares de vozes proferem aflitivas exclamações iguais a esta.

25
Nas estradas

E os que estão junto do caminho são aqueles em quem a palavra é semeada; mas, tendo-a eles ouvido, vem logo Satanás e tira a palavra que neles foi semeada.
Jesus (*Marcos*, 4:15.)

Jesus é o nosso caminho permanente para o Divino Amor.

Junto d'Ele seguem, esperançosos, todos os espíritos de boa vontade, aderentes sinceros ao roteiro santificador.

Dessa via bendita e eterna procedem as sementes da Luz Celestial para os homens comuns.

Faz-se imprescindível muita observação das criaturas, para que o tesouro não lhes passe despercebido.

A semente santificante virá sempre, entre as mais variadas circunstâncias.

Qual ocorre ao vento generoso que espalha, entre as plantas, os princípios de vida, espontaneamente, a bondade invisível distribui com todos os corações a oportunidade de acesso à senda do amor.

Quase sempre a centelha divina aparece nos acontecimentos vulgares de cada dia, num livro, numa particularidade insignificante do trabalho, na prestimosa observação de um amigo.

Se o terreno de teu coração vive ocupado por ervas daninhas e se já recebeste o princípio celeste, cultiva-o, com devotamento, abrigando-o nas leiras de tua alma. O verbo humano pode falhar, mas a Palavra do Senhor é imperecível. Aceita-a e cumpre-a, porque, se te furtas ao imperativo da vida eterna, cedo ou tarde o anjo da angústia te visitará o espírito, indicando-te novos rumos.

26
Trabalhos imediatos

Apascentai o rebanho de Deus que está entre vós, tendo cuidado dele, não por força, mas espontaneamente, segundo a vontade de Deus; nem por torpe ganância, mas de ânimo pronto.
(I Pedro, 5:2.)

Naturalmente, na pauta das possibilidades justas, ninguém deverá negar amparo ou assistência aos companheiros que acenam de longe com solicitações razoáveis; entretanto, constitui-nos obrigação atender ao ensinamento de Pedro, quanto aos nossos trabalhos imediatos.

Há criaturas que se entregam gostosamente à volúpia da inquietação por acontecimentos nefastos, planejados pela mente enfermiça dos outros e que, provavelmente, nunca sobrevirão. Perdem longo tempo receitando fórmulas de ação ou desferindo lamentos inúteis.

A lavoura alheia e as ocorrências futuras, para serem examinadas, exigem sempre grandes qualidades de ponderação.

Além do mais, é imprescindível reconhecer que o problema difícil, ao nosso lado ou a distância de nós, tem a finalidade de enriquecer-nos a experiência própria, habilitando-nos à solução dos mais intrincados enigmas do caminho.

Eis a razão pela qual a nota de Simão Pedro é profunda e oportuna, para todos os tempos e situações.

Atendamos aos imperativos do serviço divino que se localiza em nossa paisagem individual, não através de constrangimento, mas pela boa vontade espontânea, fugindo cada vez mais aos nossos interesses particularistas e de ânimo firme e pronto para servir ao bem, tanto quanto nos seja possível.

Às vezes, é razoável preocupar-se o homem com a situação mundial, com a regeneração das coletividades, com as posições e responsabilidades dos outros, mas não é justo esquecermo-nos daquele "rebanho de Deus que está entre nós".

27
Esmagamento do mal

*E o Deus de paz esmagará em breve a
Satanás debaixo dos vossos pés.*
Paulo (*Romanos*, 16:20.)

Em toda parte do planeta se poderá reconhecer a luta, sem tréguas, entre o bem e o mal.

Manifesta-se o grande conflito, sob as mais diversas formas, e, no turbilhão de seus movimentos, muitas almas sensíveis, de modo invariável, conservam-se na atitude de invocação aos gênios tutelares para que estes venham à arena combater os inimigos que as atordoam, prostrando-os de vez.

Solicitar auxílio ou recorrer à lei da cooperação representam atos louváveis do Espírito que identifica a própria fraqueza; contudo, insistir para que outrem nos substitua no esforço, que somente a nós outros cabe despender, demonstra falsa posição, suscetível de acentuar-nos as necessidades.

Satanás, representando o poder do mal, na vida humana, será esmagado por Deus; todavia, Paulo de

Tarso define, com bastante clareza, o local da vitória divina. O triunfo supremo verificar-se-á sob os pés do homem.

Quando a criatura, pela própria dedicação ao trabalho iluminativo, se entregar ao Pai, sem reservas, efetuando-lhe a vontade sacrossanta, com esquecimento do velho egoísmo animal, apreendendo a grandeza de sua posição de espírito eterno, atingiremos[3] a vitória sublime.

O Senhor Todo-Paternal já se entregou aos filhos terrestres, mas raros filhos se entregaram a Ele. Indispensável, pois, não esquecer que o mal não será eliminado, a esmo, e sim debaixo dos pés de cada um de nós.

---

[3] N.E.: Silepse: figura de linguagem que indica a concordância do verbo com o significado linguístico de um verbete ou expressão, e não com seu significante, criando uma sutileza de pensamento que ultrapassa a forma do discurso propriamente dita. Pode ser de gênero, de número e de pessoa, e ocorre em vários pontos das obras de Emmanuel, como característica de estilo desse autor espiritual.

28

E os fins?

Mas nem todas as coisas edificam.
PAULO (*I Coríntios*, 10:23.)

Sempre existiram homens indefiníveis que, se não fizeram mal a ninguém, igualmente não beneficiaram a pessoa alguma.

Examinadas nesse mesmo prisma, as coisas do caminho precisam interpretação sensata, para que se não percam na inutilidade.

É lícito ao homem dedicar-se à literatura ou aos negócios honestos do mundo e ninguém poderá contestar o caráter louvável dos que escolhem conscientemente a linha de ação individual no serviço útil. Entretanto, será justo conhecer os fins daquele que escreve ou os propósitos de quem negocia. De que valerá ao primeiro a produção de longas obras, cheias de lavores verbais e de arroubos teóricos, se as suas palavras permanecem vazias de pensamento construtivo para o plano eterno da alma? Em que aproveitará ao comerciante a fortuna imensa, conquistada através da operosidade e do cálculo, quando vive estagnada nos cofres, aguardando os desvarios dos descendentes? Em ambas as situações, não se poderia dizer que tais homens cogitavam de realizações ilícitas; todavia, perderam tempo precioso, esquecendo que as menores coisas trazem finalidade edificante.

O trabalhador cônscio das responsabilidades que lhe competem não se desvia dos caminhos retos.

Há muita aflição e amargura nas oficinas do aperfeiçoamento terrestre, porque os seus servidores cuidam, antes de tudo, dos ganhos de ordem material, olvidando os fins a que se destinam. Enquanto isso ocorre, intensificam-se projetos e experimentos, mas falta sempre a edificação justa e necessária.

29
A vinha

E disse-lhes: – Ide vós também para a vinha e dar-vos-ei o que for justo. E eles foram.
(*Mateus*, 20:4.)

Ninguém poderá pensar numa Terra cheia de beleza e possibilidades, mas vogando ao léu na imensidade universal.

O planeta não é um barco desgovernado.

As coletividades humanas costumam cair em desordem, mas as leis que presidem aos destinos da Casa Terrestre se expressam com absoluta harmonia. Essa verificação nos ajuda a compreender que a Terra é a vinha de Jesus. Aí, vemo-lo trabalhando desde a aurora dos séculos e aí assistimos à transformação das criaturas, que, de experiência a experiência, se lhe integram no divino amor.

A formosa parábola dos servidores envolve conceitos profundos. Em essência, designa o local dos serviços humanos e refere-se ao volume de obrigações que os aprendizes receberam do Mestre Divino.

Por enquanto, os homens guardam a ilusão de que o orbe pode ser o tablado de hegemonias raciais ou políticas, mas perceberão em tempo o clamoroso engano, porque todos os filhos da razão, corporificados na Crosta da Terra, trazem consigo a tarefa de contribuir para que se efetue um padrão de vida mais elevado no recanto em que agem transitoriamente.

Onde quer que estejas, recorda que te encontras na Vinha do Cristo.

Vives sitiado pela dificuldade e pelo infortúnio?

Trabalha para o bem geral, mesmo assim, porque o Senhor concedeu a cada cooperador o material conveniente e justo.

30
Convenções

E disse-lhes: o sábado foi feito por causa do homem, e não o homem por causa do sábado.
(*Marcos*, 2:27.)

O sábado, nesta passagem evangélica, simboliza as convenções organizadas para o serviço humano. Há criaturas que por elas sacrificam todas as possibilidades de elevação espiritual. Quais certos encarregados dos serviços públicos que adiam indefinidamente determinadas providências de interesse coletivo, em virtude da ausência de um selo minúsculo, pessoas existem que, por bagatelas, abandonam grandes oportunidades de união com a esfera superior.

Ninguém ignora o lado útil das convenções. Se fossem totalmente imprestáveis, o Pai não lhes permitiria a existência no jogo das circunstâncias. São tabelas para a classificação dos esforços de cada um, tábuas que designam o tempo adequado a esse ou àquele mister; todavia, transformá-las em preconceito inexpugnável ou em obstáculo intransponível constitui grave dano à tranquilidade comum.

A maioria das pessoas atende-as, antes da própria obediência a Deus; entretanto, o Altíssimo dispôs todas as organizações da vida para que ajudem a evolução e o aprimoramento dos filhos.

O próprio planeta foi edificado por causa do homem.

Se o Criador foi a esse extremo de solicitude em favor das criaturas, por que deixarmos de satisfazer-lhe os divinos desígnios, prendendo-nos às preocupações inferiores da atividade terrestre?

As convenções definem, catalogam, especificam e enumeram, mas não devem tiranizar a existência. Lembra-te de que foram dispostas no caminho a fim de te servirem. Respeita-as, na feição justa e construtiva; contudo, não as convertas em cárcere.

31
Com caridade

Todas as vossas coisas sejam feitas com caridade.
PAULO (*I Coríntios*, 16:14.)

Ainda existe muita gente que não entende outra caridade, além daquela que se veste de trajes humildes aos sábados ou domingos para repartir algum pão com os desfavorecidos da sorte, que aguarda calamidades públicas para manifestar-se ou que lança apelos comovedores nos cartazes da imprensa.

Não podemos discutir as intenções louváveis desse ou daquele grupo de pessoas; contudo, cabe-nos reconhecer que o dom sublime é de sublime extensão.

Paulo indica que a caridade, expressando amor cristão, deve abranger todas as manifestações de nossa vida.

Estender a mão e distribuir reconforto é iniciar a execução da virtude excelsa. Todas as potências do espírito, no entanto, devem ajustar-se ao preceito divino, porque há caridade em falar e ouvir, impedir e favorecer, esquecer e recordar. Tempo virá em que a boca, os ouvidos e os pés serão aliados das mãos fraternas nos serviços do bem supremo.

Cada pessoa, como cada coisa, necessita da contribuição da bondade, de modo particular. Homens que dirigem ou que obedecem reclamam-lhe o concurso santo, a fim de que sejam esclarecidos no departamento da Casa de Deus, em que se encontram. Sem amor sublimado, haverá sempre obscuridade, gerando complicações.

Desempenha tuas mínimas tarefas com caridade, desde agora. Se não encontras retribuição espiritual, no domínio do entendimento, em sentido imediato, sabes que o Pai acompanha todos os filhos devotadamente.

Há pedras e espinheiros? Fixa-te em Jesus e passa.

32
Cadáveres

Pois onde estiver o cadáver, aí se ajuntarão as águias.
(*Mateus*, 24:28.)

Apresentando a imagem do cadáver e das águias, referia-se o Mestre à necessidade dos homens penitentes, que precisam recursos de combate à extinção das sombras em que se mergulham.

Não se elimina o pântano, atirando-lhe flores.

Os corpos apodrecidos no campo atraem corvos que os devoram.

Essa figura, de alta significação simbológica, é dos mais fortes apelos do Senhor, conclamando os servidores do Evangelho aos movimentos do trabalho santificante.

Em vários círculos do Cristianismo renascente surgem os que se queixam, desalentados, da ação de perseguidores, obsessores e verdugos visíveis e invisíveis. Alguns aprendizes se declaram atados à influência deles e confessam-se incapazes de atender aos desígnios de Jesus.

Conviria, porém, muita ponderação, antes de afirmativas desse jaez, que apenas acusam os próprios autores.

É imprescindível lembrar sempre que as aves impiedosas se ajuntarão em torno de cadáveres ao abandono.

Os corvos se aninham noutras regiões, quando se alimpa o campo em que permaneciam.

Um homem que se afirma invariavelmente infeliz fornece a impressão de que respira num sepulcro; todavia, quando procura renovar o próprio caminho, as aves escuras da tristeza negativa se afastam para mais longe.

Luta contra os cadáveres de qualquer natureza que se abriguem em teu mundo interior. Deixa que o divino sol da espiritualidade te penetre, pois, enquanto fores ataúde de coisas mortas, serás seguido, de perto, pelas águias da destruição.

33
Trabalhemos também

E dizendo: – Varões, por que fazeis essas coisas? Nós também somos homens como vós, sujeitos às mesmas paixões.
(*Atos*, 14:15.)

O grito de Paulo e Barnabé ainda repercute entre os aprendizes fiéis.

A família cristã muita vez há desejado perpetuar a ilusão dos habitantes de Listra.

Os missionários da Revelação não possuem privilégios ante o espírito de testemunho pessoal no serviço. As realizações que poderíamos apontar por graça ou prerrogativa especial, nada mais exprimem senão o profundo esforço deles mesmos, no sentido de aprender e aplicar com Jesus.

O Cristo não fundou com a sua doutrina um sistema de deuses e devotos, separados entre si; criou vigoroso organismo de transformação espiritual para o bem supremo, destinado a todos os corações sedentos de luz, amor e verdade.

No Evangelho, vemos Madalena arrastando dolorosos enganos, Paulo perseguindo ideais salvadores, Pedro negando o Divino Amigo, Marcos em luta com as próprias hesitações; entretanto, ainda aí, contemplamos a filha de Magdala renovada no caminho redentor, o grande perseguidor convertido em arauto da Boa-Nova, o discípulo frágil conduzido à glória espiritual e o companheiro vacilante transformado em evangelista da Humanidade inteira.

O Cristianismo é fonte bendita de restauração da alma para Deus.

O mal de muitos aprendizes procede da idolatria a que se entregam, em derredor dos valorosos expoentes da fé viva, que aceitam no sacrifício a verdadeira fórmula de elevação; imaginam-nos em tronos de fantasia e rojam-se-lhes aos pés, sentindo-se confundidos, inaptos e miseráveis, esquecendo que o Pai concede a todos os filhos as energias necessárias à vitória.

Naturalmente, todos devemos amor e respeito aos grandes vultos do caminho cristão; todavia, por isso mesmo, não podemos olvidar que Paulo e Pedro, como tantos outros, saíram das fraquezas humanas para os dons celestiais e que o Planeta Terreno é uma escola de iluminação, poder e triunfo, sempre que buscamos entender-lhe a grandiosa missão.

34
Lugar deserto

*E ele lhes disse: vinde vós aqui, à parte, a um
lugar deserto, e repousai um pouco.*
(*Marcos*, 6:31.)

A exortação de Jesus aos companheiros reveste-se de singular importância para os discípulos do Evangelho em todos os tempos.

Indispensável se torna aprender o caminho do "lugar à parte" em que o Mestre aguarda os aprendizes para o repouso construtivo em seu amor.

No precioso símbolo, temos o santuário íntimo do coração sequioso de luz divina.

De modo algum se referia o Senhor tão somente à soledade dos sítios que favorecem a meditação, onde sempre encontramos sugestões vivas da natureza humana. Reportava-se à câmara silenciosa, situada dentro de nós mesmos.

Além disso, não podemos esquecer que o Espírito sedento de união divina, desde o momento em que se imerge nas correntes do idealismo superior, passa a sentir-se desajustado, em profundo insulamento no mundo, embora servindo-o, diariamente, consoante os indefectíveis desígnios do Alto.

No templo secreto da alma, o Cristo espera por nós, a fim de revigorar-nos as forças exaustas.

Os homens iniciaram a procura do "lugar deserto", recolhendo-se aos mosteiros ou às paisagens agrestes; todavia, o ensinamento do Salvador não se fixa no mundo externo.

Prepara-te para servir ao Reino Divino, na cidade ou no campo, em qualquer estação, e não procures descanso impensadamente, convicto de que, muita vez, a imobilidade do corpo é tortura da alma. Antes de tudo, busca descobrir, em ti mesmo, o "lugar à parte" onde repousarás em companhia do Mestre.

35

O Cristo operante

Porque aquele que operou eficazmente em Pedro para o apostolado da circuncisão, esse operou também em mim com eficácia para com os gentios.
Paulo (*Gálatas*, 2:8.)

A vaidade humana sempre guardou a pretensão de manter o Cristo nos círculos do sectarismo religioso, mas Jesus prossegue operando em toda parte onde medre o princípio do bem.

Dentro de todas as linhas de evolução terrestre, entre santuários e academias, movimentam-se os adventícios inquietos, os falsos crentes e os fanáticos infelizes que acendem a fogueira da opinião e sustentam-na. Entre eles, todavia, surgem os homens da fé viva, que se convertem nos sagrados veículos do Cristo operante.

Simão Pedro centralizou todos os trabalhos do Evangelho nascente, reajustando aspirações do povo escolhido.

Paulo de Tarso foi poderoso ímã para a renovação da gentilidade.

Através de ambos expressava-se o mesmo Mestre, com um só objetivo – o aperfeiçoamento do homem para o Reino Divino.

É tempo de reconhecer-se a luz dessas eternas verdades.

Jesus permanece trabalhando e sua bondade infinita se revela em todos os setores em que o amor esteja erguido à conta de supremo ideal.

Ninguém se prenda ao domínio das queixas injustas, encarando os discípulos sinceros e devotados por detentores de privilégios divinos. Cada aprendiz se esforce por criar no coração a atmosfera propícia às manifestações do Senhor e de seus emissários. Trabalha, estuda, serve e ajuda sempre, em busca das esferas superiores, e sentirás o Cristo operante ao teu lado, nas relações de cada dia.

36
Até ao fim

Mas aquele que perseverar até ao fim será salvo.
Jesus (*Mateus*, 24:13.)

Aqui não vemos Jesus referir-se a um fim que simbolize término e, sim, à finalidade, ao alvo, ao objetivo.

O Evangelho será pregado aos povos para que as criaturas compreendam e alcancem os fins superiores da vida.

Eis por que apenas conseguem quebrar o casulo da condição de animalidade aqueles Espíritos encarnados que sabem perseverar.

Quando o Mestre louvou a persistência, evidenciava a tarefa árdua dos que procuram as excelências do caminho espiritual.

É necessário apagar as falsas noções de favores gratuitos da Divindade.

Ninguém se furtará, impune, à percentagem de esforço que lhe cabe na obra de aperfeiçoamento próprio.

As portas do Céu permanecem abertas. Nunca foram cerradas. Todavia, para que o homem se eleve até lá, precisa asas de amor e sabedoria. Para isto, concede o Supremo Senhor extensa cópia do material de misericórdia a todas as criaturas, conferindo, entretanto, a cada um o dever de talhá-las. Semelhante tarefa, porém, demanda enorme esforço. A fim de concluí-la, recruta-se a contribuição dos dias e das existências. Muita gente se desanima e prefere estacionar, séculos a fio, nos labirintos da inferioridade; todavia, os bons trabalhadores sabem perseverar, até atingirem as finalidades divinas do caminho terrestre, continuando em trajetória sublime para a perfeição.

37
Seria inútil

Respondeu-lhes: — Já vo-lo disse e não ouvistes;
para que o quereis tornar a ouvir?
(João, 9:27.)

É muito frequente a preocupação de muitos religiosos no sentido de transformarem os amigos compulsoriamente, conclamando-os às suas convicções particularistas. Quase sempre se empenham em longas e fastidiosas discussões, em contínuos jogos de palavras, sem uma realização sadia ou edificante.

O coração sinceramente renovado na fé, entretanto, jamais procede assim.

É indispensável diluir o prurido de superioridade que infesta o sentimento de grande parte dos aprendizes, tão logo se deixam conduzir a novos portos de conhecimento, nas revelações gradativas da sabedoria divina, porque os discutidores de más inclinações se incumbem de interceptar-lhes a marcha.

A resposta do cego de nascença aos judeus argutos e inquiridores é padrão ativo para os discípulos sinceros.

Lógico que o seguidor de Jesus não negará um esclarecimento acerca do Mestre, mas se já explicou o assunto, se já tentou beneficiar o irmão mais próximo com os valores que o felicitam, sem atingir o alheio entendimento, para que discutir? Se um homem ouviu a verdade e não a compreendeu, fornece evidentes sinais de paralisia espiritual. Ser-lhe-á inútil, portanto, escutar repetições imediatas, porque ninguém enganará o tempo, e o sábio que desafiasse o ignorante rebaixar-se-ia ao título de insensato.

Não percas, pois, as tuas horas através de elucidações minuciosas e repetidas para quem não as pode entender, antes que lhe sobrevenham no caminho o sol e a chuva, o fogo e a água da experiência.

Tens mil recursos de trabalhar em favor de teu amigo, sem provocá-lo ao teu modo de ser e à tua fé.

38
Conta particular

Ah! se tu conhecesses também, ao menos neste teu dia, o que à tua paz pertence!
JESUS (*Lucas*, 19:42.)

A exclamação de Jesus, junto de Jerusalém, aplica-se muito mais ao coração do homem – templo vivo do Senhor – que à cidade de ordem material, destinada à ruína e à desagregação nos setores da experiência.

Imaginemos o que seria o mundo se cada criatura conhecesse o que lhe pertence à paz íntima.

Em virtude da quase geral desatenção a esse imperativo da vida é que os homens se empenham em dolorosos atritos, provocando escabrosos débitos.

Atentemos para a assertiva do Mestre – "ao menos neste teu dia".

Estas palavras convidam-nos a pensar na oportunidade de serviço de que dispomos presentemente e a refletir nos séculos que perdemos; compelem-nos a meditar quanto ao ensejo de trabalho, sempre aberto aos espíritos diligentes.

O homem encarnado dispõe dum tempo glorioso que é provisoriamente dele, que lhe foi proporcionado pelo Altíssimo em favor de sua própria renovação.

Necessário é que cada um conheça o que lhe toca à tranquilidade individual. Guarde cada homem digna atitude de compreensão dos deveres próprios e os fantasmas da inquietude estarão afastados. Cuide cada pessoa do que se lhe refira à conta particular e dois terços dos problemas sociais do mundo surgirão naturalmente resolvidos.

Repara as pequeninas exigências de teu círculo e atende-as, em favor de ti mesmo.

Não caminharás entre as estrelas, antes de trilhares as sendas humildes que te competem.

39
Convite ao bem

Mas, quando fores convidado, vai.
Jesus (*Lucas*, 14:10.)

Em todas as épocas, o bem constitui a Fonte Divina, suscetível de fornecer-nos valores imortais.

O homem de reflexão terá observado que todo o período infantil é conjunto de apelos ao sublime manancial.

O convite sagrado é repetido, anos a fio. Vem através dos amorosos pais humanos, dos mentores escolares, da leitura salutar, do sentimento religioso, dos amigos comuns.

Entretanto, raras inteligências atingem a juventude, de atenção fixa no chamamento elevado. Quase toda gente ouve as requisições da natureza inferior, olvidando deveres preciosos.

Os apelos, todavia, continuam...

Aqui, é um livro amigo, revelando a verdade em silêncio; ali, é um companheiro generoso que insiste em favor das realidades luminosas da vida...

A rebeldia, porém, ainda mesmo em plena madureza do homem, costuma rir inconscientemente, passando, todavia, em marcha compulsória, na direção dos desencantos naturais, que lhe impõem mais equilibrados pensamentos.

No Evangelho de Jesus, o convite ao bem reveste-se de claridades eternas. Atendendo-o, poderemos seguir ao encontro de Nosso Pai, sem hesitações.

Se o clarim cristão já te alcançou os ouvidos, aceita-lhe as claridades sem vacilar.

Não esperes pelo aguilhão da necessidade.

Sob a tormenta, é cada vez mais difícil a visão do porto.

A maioria dos nossos irmãos na Terra caminha para Deus, sob o ultimato das dores, mas não aguardes pelo açoite de sombras, quando podes seguir, calmamente, pelas estradas claras do amor.

40
Em preparação

Diz o Senhor: – porei as minhas leis no seu entendimento, e em seu coração as escreverei; e eu lhes serei por Deus, e eles me serão por povo.
Paulo (*Hebreus*, 8:10.)

Traduziremos o Evangelho
Em todas as línguas,
Em todas as culturas,
Exaltando-lhe a grandeza,
Destacando-lhe a sublimidade,
Semeando-lhe a poesia,
Comentando-lhe a verdade,
Interpretando-lhe as lições,
Impondo-nos ao raciocínio,
Aprimorando o coração
E reformando a inteligência,
Renovando leis,
Aperfeiçoando costumes
E aclarando caminhos...

Mas, virá o momento
Em que a Boa-Nova deve ser impressa em nós mesmos,
Nos refolhos da mente,
Nos recessos do peito,
Através das palavras e das ações.
Dos princípios e ideais,
Das aspirações e das esperanças,
Dos gestos e pensamentos.
Porque, em verdade,
Se o Céu nos permite espalhar-lhe a Divina Mensagem no mundo,
Um dia, exigirá nos convertamos
Em traduções vivas do Evangelho na Terra.

41
No futuro

E não mais ensinará cada um a seu próximo, nem cada um a seu irmão, dizendo: – Conhece o Senhor! Porque todos me conhecerão, desde o menor deles até o maior.
        PAULO (*Hebreus*, 8:11.)

Quando o homem gravar na própria alma
Os parágrafos luminosos da Divina Lei,
O companheiro não repreenderá o companheiro,
O irmão não denunciará outro irmão.
O cárcere cerrará suas portas,
Os tribunais quedarão em silêncio.
Canhões serão convertidos em arados,
Homens de armas volverão à sementeira do solo.
O ódio será expulso do mundo,
As baionetas repousarão,
As máquinas não vomitarão chamas para o incêndio e para a morte,
Mas cuidarão pacificamente do progresso planetário.
A justiça será ultrapassada pelo amor.

Os filhos da fé não somente serão justos,
Mas bons, profundamente bons.
A prece constituir-se-á de alegria e louvor
E as casas de oração estarão consagradas ao trabalho sublime da fraternidade suprema.
A pregação da Lei
Viverá nos atos e pensamentos de todos,
Porque o Cordeiro de Deus
Terá transformado o coração de cada homem
Em tabernáculo de luz eterna,
Em que o seu Reino Divino
Resplandecerá para sempre.

42
Sempre vivos

Ora, Deus não é de mortos, mas, sim, de vivos. Por isso, vós errais muito.
Jesus (*Marcos*, 12:27.)

Considerando as convenções estabelecidas em nosso trato com os amigos encarnados, de quando em quando nos referimos à vida espiritual utilizando a palavra "morte" nessa ou naquela sentença de conversação usual. No entanto, é imprescindível entendê-la, não por cessação, e sim por atividade transformadora da vida.

Espiritualmente falando, apenas conhecemos um gênero temível de morte – a da consciência denegrida no mal, torturada de remorso ou paralítica nos despenhadeiros que marginam a estrada da insensatez e do crime.

É chegada a época de reconhecermos que todos somos vivos na Criação Eterna.

Em virtude de tardar semelhante conhecimento nos homens é que se verificam grandes erros. Em razão disso, a Igreja Católica Romana criou, em sua teologia, um céu e um inferno artificiais; diversas coletividades das organizações evangélicas protestantes apegam-se à letra, crentes de que o corpo, vestimenta material do Espírito, ressurgirá um dia dos sepulcros, violando os princípios da Natureza, e inúmeros espiritistas nos têm como fantasmas de laboratório ou formas esvoaçantes, vagas e aéreas, errando indefinidamente.

Quem passa pela sepultura prossegue trabalhando e, aqui, quanto aí, só existe desordem para o desordeiro. Na crosta da Terra ou além de seus círculos, permanecemos vivos invariavelmente.

Não te esqueças, pois, de que os desencarnados não são magos, nem adivinhos. São irmãos que continuam na luta de aprimoramento. Encontramos a morte tão somente nos caminhos do mal, onde as sombras impedem a visão gloriosa da vida.

Guardemos a lição do Evangelho e jamais esqueçamos que Nosso Pai é Deus dos vivos imortais.

43

Boas maneiras

E assenta-te no último lugar.
JESUS (*Lucas*, 14:10.)

O Mestre, nesta passagem, proporciona inolvidável ensinamento de boas maneiras.

Certo, a sentença revela conteúdo altamente simbólico, relativamente ao banquete paternal da Bondade Divina; todavia, convém deslocarmos o conceito a fim de aplicá-lo igualmente ao mecanismo da vida comum.

A recomendação do Salvador presta-se a todas as situações em que nos vejamos convocados a examinar algo de novo, junto aos semelhantes. Alguém que penetre uma casa ou participe de uma reunião pela primeira vez, timbrando demonstrar que tudo sabe ou que é superior ao ambiente em que se encontra, torna-se intolerável aos circunstantes.

Ainda que se trate de agrupamento enganado em suas finalidades ou intenções, não é razoável que o homem esclarecido, aí ingressando pela vez primeira, se faça doutrinador austero e exigente, porquanto, para a tarefa de retificar ou reconduzir almas, é indispensável que o trabalhador fiel ao bem inicie o esforço, indo ao encontro dos corações pelos laços da fraternidade legítima. Somente assim conseguirá alijar a imperfeição eficazmente, eliminando uma parcela de sombra, cada dia, através do serviço constante.

Sabemos que Jesus foi o grande reformador do mundo, entretanto, corrigindo e amando, asseverava que viera ao caminho dos homens para cumprir a Lei.

Não assaltes os lugares de evidência por onde passares. E, quando te detiveres com os nossos irmãos em alguma parte, não os ofusques com a exposição de quanto já tenhas conquistado nos domínios do amor e da sabedoria. Se te encontras decidido a cooperar pelo bem dos outros, apaga-te, de algum modo, a fim de que o próximo te possa compreender. Impondo normas ou exibindo poder, nada conseguirás senão estabelecer mais fortes perturbações.

44

Curas

*E curai os enfermos que nela houver e dizei-
-lhes: – É chegado a vós o Reino de Deus.*
Jesus (*Lucas*, 10:9.)

    Realmente Jesus curou muitos enfermos e recomendou-os, de modo especial, aos discípulos. Todavia, o Médico Celestial não se esqueceu de requisitar ao Reino Divino quantos se restauram nas deficiências humanas.

    Não nos interessa apenas a regeneração do veículo em que nos expressamos, mas, acima de tudo, o corretivo espiritual.

    Que o homem comum se liberte da enfermidade, mas é imprescindível que entenda o valor da saúde. Existe, porém, tanta dificuldade para compreendermos a lição oculta da moléstia no corpo, quanta se verifica em assimilarmos o apelo ao trabalho santificante que nos é endereçado pelo equilíbrio orgânico.

    Permitiria o Senhor a constituição da harmonia celular apenas para que a vontade viciada viesse golpeá-la e quebrá-la em detrimento do espírito?

O enfermo pretenderá o reajustamento das energias vitais; entretanto, cabe-lhe conhecer a prudência e o valor dos elementos colocados à sua disposição na experiência edificante da Terra.

Há criaturas doentes que lastimam a retenção no leito e choram aflitas, não porque desejem renovar concepções acerca dos sagrados fundamentos da vida, mas por se sentirem impossibilitadas de prolongar os próprios desatinos.

É sempre útil curar os enfermos, quando haja permissão de ordem superior para isto; contudo, em face de semelhante concessão do Altíssimo, é razoável que o interessado na bênção reconsidere as questões que lhe dizem respeito, compreendendo que raiou para seu espírito um novo dia no caminho redentor.

45
Quando orardes

E, quando estiverdes orando, perdoai.
Jesus (*Marcos*, 11:25.)

A sincera atitude da alma na prece não obedece aos movimentos mecânicos vulgares. Nas operações da luta comum, a criatura atende, invariavelmente, aos automatismos da experiência material que se modifica de maneira imperceptível, nos círculos do tempo; todavia, quando se volta a alma aos santuários divinos do plano superior, através da oração, põe-se a consciência em contato com o sentido eterno e criador da vida infinita.

Examine cada aprendiz as sensações que experimenta em se colocando na posição de rogativa ao Alto, compreendendo que se lhe faz indispensável a manutenção da paz interna perante as criaturas e quadros circunstanciais do caminho.

A mente que ora permanece em movimentação na esfera invisível.

As inteligências encarnadas, ainda mesmo quando se não conheçam entre si, na pauta das convenções materiais, comunicam-se através dos tênues fios do desejo manifestado na oração. Em tais instantes, que devemos consagrar exclusivamente à zona mais alta de nossa individualidade, expedimos mensagens, apelos, intenções, projetos e ansiedades que procuram objetivo adequado.

É digno de lástima todo aquele que se utiliza da oportunidade para dilatar a corrente do mal, consciente ou inconscientemente. É por este motivo que Jesus, compreendendo a carência de homens e mulheres isentos de culpa, lançou este expressivo programa de amor, a benefício de cada discípulo do Evangelho: – "E, quando estiverdes orando, perdoai."

46
Vós, entretanto

Mas nós, que somos fortes, devemos suportar as fraquezas dos fracos, e não agradar a nós mesmos.
Paulo (*Romanos*, 15:1.)

Com que objetivo adquire o homem a noção justa da confiança em Deus? Para furtar-se à luta e viver aguardando o céu?

Semelhante atitude não seria compreensível.

O discípulo alcança a luz do conhecimento, a fim de aplicá-la ao próprio caminho. Concedeu-lhe Jesus um traço do Céu para que o desenvolva e estenda através da terra em que pisa.

Receber o sagrado auxílio do Mestre e subtrair-se-lhe à oficina de redenção é testemunhar ignorância extrema.

Dar-se a Cristo é trabalhar pelo estabelecimento de seu Reino.

Os templos terrestres, por ausência de compreensão da verdade, permanecem repletos de almas paralíticas, que desertaram do serviço por anseio de bem-aventurança. Isso pode entender-se nas criaturas que ainda não adquiriram o necessário senso da realidade, mas vós, os que já sois fortes no conhecimento, não deveis repousar na indiferença ante os impositivos sagrados da luz acesa, pela infinita bondade do Cristo, em vosso mundo íntimo. É imprescindível tome cada um os seus instrumentos de trabalho, na tarefa que lhe cabe, agindo pela vitória do bem, no círculo de pessoas e atividades que o cercam.

Muitos espíritos doentes, nas falsas preocupações e na ociosidade do mundo, poderão alegar ignorância. Vós, entretanto, não sois fracos nem pobres da misericórdia do Senhor.

47
O problema de agradar

*Se estivesse ainda agradando aos homens,
não seria servo do Cristo.*
Paulo (*Gálatas*, 1:10.)

Os sinceros discípulos do Evangelho devem estar muito preocupados com os deveres próprios e com a aprovação isolada e tranquila da consciência, nos trabalhos que foram chamados a executar, cada dia, aprendendo a prescindir das opiniões desarrazoadas do mundo.

A multidão não saberá dispensar carinho e admiração senão àqueles que lhe satisfazem as exigências e caprichos; nos conflitos que lhe assinalam a marcha, o aprendiz fiel de Jesus será um trabalhador diferente que, em seus impulsos instintivos, ela não poderá compreender.

Muita inexperiência e invigilância revelará o mensageiro da Boa-Nova que manifeste inquietude, com relação aos pareceres do mundo a seu respeito; quando se encontre na prosperidade material, em que o Mestre lhe confere mais rigorosa mordomia, muitos vizinhos lhe perguntarão, maliciosos, pela causa dos êxitos sucessivos em que se envolve, e, quando penetra o campo da pobreza e da dificuldade, o povo lhe atribui as experiências difíceis a supostas defecções ante as sublimes ideias esposadas.

É indispensável trabalhar para os homens, como quem sabe que a obra integral pertence a Jesus Cristo. O mundo compreenderá o esforço do servidor sincero, mas em outra oportunidade, quando lho permita a ascensão evolutiva.

Em muitas ocasiões, os pareceres populares equivalem à gritaria das assembleias infantis, que não toleram os educadores mais altamente inspirados, nas linhas de ordem e elevação, trabalho e aproveitamento.

Que o sincero trabalhador do Cristo, portanto, saiba operar sem a preocupação com os juízos errôneos das criaturas. Jesus o conhece e isto basta.

48

Compreendamos

Sacrifícios, e ofertas, e holocaustos e oblações pelo pecado não quiseste, nem te agradaram.
Paulo (*Hebreus*, 10:8.)

O mundo antigo não compreendia as relações com o Altíssimo senão através de suntuosas oferendas e pesados holocaustos.

Certos povos primitivos atingiram requintada extravagância religiosa, conduzindo sangue humano aos altares.

Tais manifestações infelizes vão se atenuando no cadinho dos séculos; no entanto, ainda hoje se verificam lastimáveis pruridos de excentricidade nos votos dessa natureza.

O Cristianismo operou completa renovação no entendimento das verdades divinas; contudo, ainda em suas fileiras costumam surgir absurdas promessas, que apenas favorecem a intromissão da ignorância e do vício.

A mais elevada concepção de Deus que podemos abrigar no santuário do espírito é aquela que Jesus nos apresentou, em no-lo revelando Pai amoroso e justo, à espera dos nossos testemunhos de compreensão e de amor.

Na própria Crosta da Terra, qualquer chefe de família, consciencioso e reto, não deseja os filhos em constante movimentação de ofertas inúteis, no propósito de arrefecer-lhe a vigilância afetuosa. Se tais iniciativas não agradam aos progenitores humanos, caprichosos e falíveis, como atribuir semelhante falha ao Todo-Misericordioso, no pressuposto de conquistar a benemerência celeste?

É indispensável trabalhar contra o criminoso engano.

A felicidade real somente é possível no lar cristão do mundo, quando os seus componentes cumprem as obrigações que lhes competem, ainda mesmo ao preço de heroicas decisões. Com o Nosso Pai Celestial, o programa não é diferente, porque o Senhor Supremo não nos pede sacrifícios e lágrimas, e sim ânimo sereno para aceitar-lhe a vontade sublime, colocando-a em prática.

49
Velho argumento

E, aduzindo ele isto em sua defesa, disse Festo em alta voz:
– Estás louco, Paulo; as muitas letras te fazem delirar.
(*Atos*, 26:24.)

É muito comum lançarem aos discípulos do Evangelho a falsa acusação de loucos, que lhes é imputada pelos círculos cientificistas do século.

O argumento é velhíssimo por parte de quantos pretendem fugir à verdade, complacentes com os próprios erros.

Há trabalhadores que perdem valioso tempo lamentando que a multidão os classifique como desequilibrados. Isto não constitui razão para contendas estéreis.

Muitas vezes, o próprio Mestre foi interpretado por demente, e os apóstolos não receberam outra definição.

Numa das últimas defesas, vemos o valoroso amigo da gentilidade, ante a Corte Provincial de Cesareia, proclamando as verdades imortais de Cristo Jesus. A assembleia toca-se de imenso assombro. Aquela palavra franca e nobre estarrece os ouvintes. É aí que Pórcio Festo, na qualidade de chefe dos convidados, delibera quebrar a vibração de espanto que domina o ambiente. Antes, porém, de fazê-lo, o argucioso romano considerou que seria preciso justificar-se em bases sólidas. Como acusar, no entanto, o grande convertido de Damasco, se ele, Festo, lhe conhecia o caráter íntegro, a sincera humildade, a paciência sublime e o ardoroso espírito de sacrifício? Lembra-se, então, das "muitas letras" e Paulo é chamado louco pela ciência divina de que dava testemunho.

Recorda, pois, o abnegado batalhador e não dispenses apreço às falsas considerações de quantos te provoquem ao abandono da verdade. O mal é incompatível com o bem e por "poucas letras" ou por "muitas", desde que te alistes entre os aprendizes de Jesus, não te faltará o mundo inferior com o sarcasmo e a perseguição.

50
Preserva a ti próprio

Vai, e não peques mais.
JESUS (*João*, 8:11.)

    A semente valiosa que não ajudas pode perder-se.
    A árvore tenra que não proteges permanece exposta à destruição.
    A fonte que não amparas poderá secar-se.
    A água que não distribuis forma pântanos.
    O fruto não aproveitado apodrece.
    A terra boa que não defendes é asfixiada pela erva inútil.
    A enxada que não utilizas cria ferrugem.
    As flores que não cultivas nem sempre se repetem.
    O amigo que não conservas foge do teu caminho.
    A medicação que não respeitas na dosagem e na oportunidade que lhe dizem respeito não te beneficia o campo orgânico.
    Assim também é a Graça Divina.
    Se não guardas o favor do Alto, respeitando-o em ti mesmo, se não usas os conhecimentos elevados que

recebes para benefício da própria felicidade, se não prezas a contribuição que te vem de cima, não te vale a dedicação dos mensageiros espirituais. Debalde improvisarão eles milagres de amor e paciência na solução de teus problemas, porque sem a adesão de tua vontade ao programa regenerativo, todas as medidas salvadoras resultarão imprestáveis.

"Vai, e não peques mais."

O ensinamento de Jesus é suficiente e expressivo.

O Médico Divino proporciona a cura, mas se não a conservamos, dentro de nós, ninguém poderá prever a extensão e as consequências dos novos desequilíbrios que nos sitiarão a invigilância.

51
Socorre a ti mesmo

*Pregando o Evangelho do Reino e
curando todas as enfermidades.*
(*Mateus*, 9:35.)

Cura a catarata e a conjuntivite, mas corrige a visão espiritual de teus olhos.

Defende-te contra a surdez; entretanto, retifica o teu modo de registar[4] as vozes e solicitações variadas que te procuram.

Medica a arritmia e a dispneia; contudo, não entregues o coração à impulsividade arrasadora.

Combate a neurastenia e o esgotamento; no entanto, cuida de reajustar as emoções e tendências.

Persegue a gastralgia, mas educa teus apetites à mesa.

Melhora as condições do sangue; todavia, não o sobrecarregues com os resíduos de prazeres inferiores.

Guerreia a hepatite; entretanto, livra o fígado dos excessos em que te comprazes.

---

[4] N.E.: Ver nota no capítulo 9.

Remove os perigos da uremia; contudo, não sufoques os rins com os venenos de taças brilhantes.

Desloca o reumatismo dos membros, reparando, porém, o que fazes com teus pés, braços e mãos.

Sana os desacertos cerebrais que te ameaçam; todavia, aprende a guardar a mente no idealismo superior e nos atos nobres.

Consagra-te à própria cura, mas não esqueças a pregação do Reino Divino *aos teus órgãos*. Eles são vivos e educáveis. Sem que teu pensamento se purifique e sem que a tua vontade comande o barco do organismo para o bem, a intervenção dos remédios humanos não passará de medida em trânsito para a inutilidade.

52
Perigos sutis

Não vos façais, pois, idólatras.
PAULO (*I Coríntios*, 10:7.)

A recomendação de Paulo aos coríntios deve ser lembrada e aplicada em qualquer tempo, nos serviços de ascensão religiosa do mundo.

É indispensável evitar a idolatria em todas as circunstâncias. Suas manifestações sempre representaram sérios perigos para a vida espiritual.

As crenças antigas permanecem repletas de cultos exteriores e de ídolos mortos.

O Consolador, enviado ao mundo, na venerável missão espiritista, vigiará contra esse venenoso processo de paralisia da alma.

Aqui e acolá, surgem pruridos de adoração que se faz imprescindível combater. Não mais imagens dos círculos humanos, nem instrumentos físicos supostamente santificados para cerimônias convencionais, mas entidades amigas e médiuns terrenos que a inconsciência alheia vai entronizando, inadvertidamente, no altar frágil de honrarias fantasiosas. É necessário reconhecer que aí temos um perigo sutil, através do qual inúmeros trabalhadores têm resvalado para o despenhadeiro da inutilidade.

As homenagens inoportunas costumam perverter os médiuns dedicados e inexperientes, além de criarem certa atmosfera de incompreensão que impede a exteriorização espontânea dos verdadeiros amigos do bem, no Plano Espiritual.

Ninguém se esqueça da condição de aperfeiçoamento relativo dos mensageiros desencarnados que se comunicam e do quadro de necessidades imediatas da vida dos medianeiros humanos.

Combatamos os ídolos falsos que ameaçam o Espiritismo cristão. Utilize cada discípulo os amplos recursos da lei de cooperação, atire-se ao esforço próprio com sincero devotamento à tarefa e lembremo-nos todos de que, no apostolado do Mestre Divino, o amor e a fidelidade a Deus constituíram o tema central.

53
Em cadeias

Pelo qual sou embaixador em cadeias; para que possa falar dele livremente, como me convém falar.
Paulo (*Efésios*, 6:20.)

Observamos nesta passagem o Apóstolo dos Gentios numa afirmativa que parece contraditória, à primeira vista.

Paulo alega a condição de emissário em cadeias e, simultaneamente, declara que isto ocorre para que possa servir ao Evangelho, livremente, quanto convinha.

O grande trabalhador dirigia-se aos companheiros de Éfeso, referindo-se à sua angustiosa situação de prisioneiro das autoridades romanas; entretanto, por isso mesmo, em vista do difícil testemunho, trazia o espírito mais livre para o serviço que lhe competia realizar.

O quadro é significativo para quantos pretendem a independência econômico-financeira ou demasiada liberdade no mundo, a fim de exemplificarem os ensinamentos evangélicos.

Há muita gente que declara aguardar os dias da abundância material e as facilidades terrestres para atenderem ao idealismo cristão. Isso, contudo, é contrassenso. O serviço de Jesus se destina a todo lugar.

Paulo, entre cadeias, se sentia mais livre na pregação da verdade. Naturalmente, nem todos os discípulos estarão atravessando esses montes culminantes do testemunho. Todos, porém, sem distinção, trazem consigo as santas algemas das obrigações diárias no lar, no trabalho comum, na rotina das horas, no centro da sociedade e da família.

Ninguém, portanto, tente quebrar as cadeias em que se encontra, na mentirosa suposição de que se candidatará a melhor posto nas oficinas do Cristo.

Somente o dever bem cumprido nos confere acesso à legítima liberdade.

54
Razão dos apelos

Pelo que, sendo chamado, vim sem contradizer.
Pergunto, pois: por que razão mandastes chamar-me?
PEDRO (*Atos*, 10:29.)

A pergunta de Pedro ao centurião Cornélio é traço de grande significação nos atos apostólicos.

O funcionário romano era conhecido por suas tradições de homem caridoso e reto, invocava a presença do discípulo de Jesus atendendo a elevadas razões de ordem moral, após generoso alvitre de um emissário do Céu e, contudo, atingindo-lhe o círculo doméstico, o ex-pescador de Cafarnaum interroga, sensato:

– Por que razão mandastes chamar-me?

Simão precisava conhecer as finalidades de semelhante exigência, tanto quanto o servidor vigilante necessita saber onde pisa e com que fim é convocado aos campos alheios.

Esse quadro expressivo sugere muitas considerações aos novos aprendizes do Evangelho.

Muita gente, por ouvir referências a esse ou àquele Espírito elevado, costuma invocar-lhe a presença nas reuniões doutrinárias.

A resolução, porém, é intempestiva e desarrazoada.

Por que reclamar a companhia que não merecemos?

Não se pode afirmar que o impulso se filie à leviandade; entretanto, precisamos encarecer a importância das finalidades em jogo.

Imaginai-vos chamando Simão Pedro a determinado círculo de oração e figuremos a aquiescência do venerável apóstolo ao apelo. Naturalmente, sereis obrigados a expor ao grande emissário celestial os motivos da requisição. E, pautando no bom senso as nossas atitudes mentais, indaguemos de nós mesmos se possuímos bastante elevação para ver, ouvir e compreender-lhe o espírito glorioso. Quem de nós responderá afirmativamente? Teremos, assim, suficiente audácia de invocar o sublime Cefas, tão somente para ouvi-lo falar?

55
Coisas invisíveis

Porque as suas coisas invisíveis, desde a criação do mundo, tanto o seu eterno poder como a sua divindade se estendem e claramente se veem pelas coisas que estão criadas.
PAULO (*Romanos*, 1:20.)

O espetáculo da Criação Universal é a mais forte de todas as manifestações contra o materialismo negativista, filho da ignorância ou da insensatez.

São as coisas criadas que falam mais justamente da natureza invisível.

Onde a atividade que se desdobre sem base?

Toda forma inteligente nasceu de uma disposição inteligente.

O homem conhece apenas as causas de suas realizações transitórias, ignorando, contudo, os motivos complexos de cada ângulo do caminho. A paisagem exterior que lhe afeta o sensório é uma parte minúscula do acervo de criações divinas, que lhe sustentam o *habitat*, condicionado às suas possibilidades de aproveitamento.

O olho humano não verá, além do limite da sua capacidade de suportação. A criatura conviverá com os seres de que necessita no trabalho de elevação e receberá ambiente adequado aos seus imperativos de aperfeiçoamento e progresso, mas que ninguém resuma a expressão vital da esfera em que respira no que os dedos mortais são suscetíveis de apalpar.

Os objetos visíveis no campo de formas efêmeras constituem breve e transitória resultante das forças invisíveis no plano eterno.

Cumpre os deveres que te cabem e receberás os direitos que te esperam. Faze corretamente o que te pede o dia de hoje e não precisarás repetir a experiência amanhã.

56
Êxitos e insucessos

Sei viver em penúria e sei também viver em abundância.
PAULO (*Filipenses*, 4:12.)

Em cada comunidade social, existem pessoas numerosas, demasiadamente preocupadas quanto aos sucessos particularistas, afirmando-se ansiosas pelo ensejo de evidência. São justamente as que menos se fixam nas posições de destaque, quando convidadas aos postos mais altos do mundo, estragando, desastradamente, as oportunidades de elevação que a vida lhes confere.

Quase sempre, os que aprenderam a suportar a pobreza é que sabem administrar, com mais propriedade, os recursos materiais.

Por esta razão, um tesouro amontoado para quem não trabalhou em sua posse é, muitas vezes, causa de crime, separatividade e perturbação.

Pais trabalhadores e honestos formarão nos filhos a mentalidade do esforço próprio e da cooperação afetiva, ao passo que os progenitores egoístas e descuidados favorecerão nos descendentes a inutilidade e a preguiça.

Paulo de Tarso, na lição à igreja de Filipos, refere-se ao precioso imperativo do caminho no que se reporta ao equilíbrio, demonstrando a necessidade do discípulo, quanto à valorização da pobreza e da fortuna, da escassez e da abundância.

O êxito e o insucesso são duas taças guardando elementos diversos que, contudo, se adaptam às mesmas finalidades sublimes. A ignorância humana, entretanto, encontra no primeiro o licor da embriaguez e no segundo identifica o fel para a desesperação. Nisto reside o erro profundo, porque o sábio extrairá da alegria e da dor, da fartura ou da escassez, o conteúdo divino.

57
Perante Jesus

*E tudo quanto fizerdes, fazei-o de todo o coração,
como ao Senhor, e não aos homens.*
PAULO (*Colossenses*, 3:23.)

A compreensão do serviço do Cristo, entre as criaturas humanas, alcançará mais tarde a precisa amplitude, para a glorificação d'Aquele que nos segue de perto, desde o primeiro dia, esclarecendo-nos o caminho com a divina luz.

Se cada homem culto indagasse de si mesmo, quanto ao fundamento essencial de suas atividades na Terra, encontraria sempre, no santuário interior, vastos horizontes para ilações de valor infinito.

Para quem trabalhou no século?

A quem ofereceu o fruto dos labores de cada dia?

Não desejamos menoscabar a posição respeitável das pátrias, das organizações, da família e da personalidade; todavia, não podemos desconhecer-lhes a expressão de relatividade no tempo. No transcurso dos anos, as fronteiras se modificam, as leis evolucionam, o grupo doméstico se renova e o homem se eleva para destinos sempre mais altos.

Tudo o que representa esforço da criatura foi realização de si mesma, no quadro de trabalhos permanentes do Cristo. O que temos efetuado nos séculos constitui benefício ou ofensa a nós mesmos, na obra que pertence ao Senhor e não a nós outros. Legisladores e governados passam no tempo, com a bagagem que lhes é própria, e Jesus permanece a fim de ajuizar da vantagem ou desvantagem da colaboração de cada um no serviço divino da evolução e do aprimoramento.

Administração e obediência, responsabilidades de traçar e seguir são apenas subdivisões da mordomia conferida pelo Senhor aos tutelados.

O trabalho digno é a oportunidade santa. Dentro dos círculos do serviço, a atitude assumida pelo homem honrar-lhe-á ou desonrar-lhe-á a personalidade eterna, perante Jesus Cristo.

58
Contribuir

Cada um contribua segundo propôs em seu coração; não com tristeza ou por necessidade, porque Deus ama o que dá com alegria.
PAULO (*II Coríntios*, 9:7.)

Quando se divulgou a afirmativa de Paulo de que Deus ama o que dá com alegria, muita gente apenas lembrou a esmola material.

O louvor, todavia, não se circunscreve às mãos generosas que espalham óbolos de bondade entre os necessitados e sofredores.

Naturalmente, todos os gestos de amor entram em linha de conta no reconhecimento divino, mas devemos considerar que o verbo contribuir, na presente lição, aparece em toda a sua grandiosa excelsitude.

A cooperação no bem é questão palpitante de todo lugar e de todo dia. Qualquer homem é suscetível de fornecê-la. Não é somente o mendigo que a espera, mas também o berço de onde se renova a experiência, a família em que acrisolamos as conquistas de virtude, o vizinho, nosso irmão em Humanidade, e a oficina de trabalho, que nos assinala o aproveitamento individual, no esforço de cada dia.

Sobrevindo o momento de repouso diuturno, cada coração pode interrogar a si próprio, quanto à qualidade de sua colaboração no serviço, nas palestras, nas relações afetivas, nessa ou naquela preocupação da vida comum.

Tenhamos cuidado contra as tristezas e sombras esterilizadoras. Má vontade, queixas, insatisfação, leviandades, não integram o quadro dos trabalhos que o Senhor espera de nossas atividades no mundo. Mobilizemos nossos recursos com otimismo e não nos esqueçamos de que o Pai ama o filho que contribui com alegria.

59
Sigamos até lá

Se vós estiverdes em mim, e as minhas palavras estiverem em vós, pedireis tudo o que quiserdes, e vos será feito.
Jesus (*João*, 15:7.)

Na oração dominical, Jesus ensina aos cooperadores a necessidade de observância plena dos desígnios do Pai.

Sabia o Mestre que a vontade humana é ainda muito frágil e que inúmeras lutas rodeiam a criatura até que aprenda a estabelecer a união com o Divino.

Apesar disso, a lição da prece foi sempre interpretada pela maioria dos crentes como recurso de fácil obtenção do amparo celestial.

Muitos pedem determinados favores e recitam maquinalmente as fórmulas verbais. Certamente, não podem receber imediata satisfação aos caprichos próprios, porque, no estado de queda ou de ignorância, o espírito necessita, antes de tudo, aprender a submeter-se aos desígnios divinos, a seu respeito.

Alcançaremos, porém, a época das orações integralmente atendidas. Atingiremos semelhante realização quando estivermos espiritualmente em Cristo. Então, quanto quisermos, ser-nos-á feito, porquanto teremos penetrado o justo sentido de cada coisa e a finalidade de cada circunstância. Estaremos habilitados a querer e a pedir, em Jesus, e a vida se nos apresentará em suas verdadeiras características de infinito, eternidade, renovação e beleza.

Na condição de encarnados ou desencarnados, ainda estamos caminhando para o Mestre, a fim de que possamos experimentar a união gloriosa com o seu amor. Até lá, trabalhemos e vigiemos para compreender a Vontade Divina.

60
Lógica da Providência

*Depois que fostes iluminados, suportastes
grande combate de aflições.*
Paulo (*Hebreus*, 10:32.)

Os cultivadores da fé sincera costumam ser indicados, no mundo, à conta de grandes sofredores.

Há mesmo quem afirme afastar-se deliberadamente dos círculos religiosos, temendo o contágio de padecimentos espirituais.

Os ímpios, os ignorantes e os fúteis exibem-se, espetacularmente, na vida comum, através de traços bizarros da fantasia exterior; todavia, quando se abeiram das verdades celestes, antes de adquirirem acesso às alegrias permanentes da espiritualidade superior, atravessam grandes túneis de tristeza, abatimento e taciturnidade. O fenômeno, entretanto, é natural, porquanto haverá sempre ponderação após a loucura e remorso depois do desregramento.

O problema, contudo, abrange mais vasto círculo de esclarecimentos.

A misericórdia que se manifesta na Justiça de Deus transcende à compreensão humana.

O Pai confere aos filhos ignorantes e transviados o direito às experiências mais fortes somente depois de serem iluminados. Só após aprenderem a ver com o espírito eterno é que a vida lhes oferece valores diferentes. Nascer-lhes-á nos corações, daí em diante, a força indispensável ao triunfo no grande combate das aflições.

Os frívolos e oportunistas, não obstante as aparências, são habitualmente almas frágeis, quais galhos secos que se quebram ao primeiro golpe da ventania. Os espíritos nobres, que suportam as tormentas do caminho terrestre, sabem disto. Só a luz espiritual garante o êxito nas provações.

Ninguém concede a responsabilidade de um barco, cheio de preocupações e perigos, a simples crianças.

.

61
O homem com Jesus

Regozijai-vos sempre no Senhor; outra vez digo, regozijai-vos.
Paulo (*Filipenses*, 4:4.)

Com Jesus, ergue-se o Homem
Da treva à luz...
Da inércia ao serviço...
Da ignorância à sabedoria...
Do instinto à razão...
Da força ao direito...
Do egoísmo à fraternidade...
Da tirania à compaixão...
Da violência ao entendimento...
Do ódio ao amor...
Da posse mentirosa à procura dos bens imperecíveis...
Da conquista sanguinolenta à renúncia edificante...
Da extorsão à justiça...
Da dureza à piedade...
Da palavra vazia ao verbo criador...
Da monstruosidade à beleza...

Do vício à virtude...
Do desequilíbrio à harmonia...
Da aflição ao contentamento...
Do pântano ao monte...
Do lodo à glória...

Homem, meu irmão, regozijemo-nos em plena luta redentora!

Que píncaros de angelitude poderemos alcançar se nos consagrarmos realmente ao Divino Amigo que desceu e se humilhou por nós?

62
Jesus para o homem

E, achado em forma como homem, humilhou-se a si mesmo, sendo obediente até à morte, e morte de cruz.
PAULO (*Filipenses*, 2:8.)

O Mestre desceu para servir,
Do esplendor à escuridão...
Da alvorada eterna à noite plena...
Das estrelas à manjedoura...
Do infinito à limitação...
Da glória à carpintaria...
Da grandeza à abnegação...
Da divindade dos anjos à miséria dos homens...
Da companhia de gênios sublimes à convivência dos pecadores...
De governador do mundo a servo de todos...
De credor magnânimo a escravo...
De benfeitor a perseguido...
De salvador a desamparado...
De emissário do amor a vítima do ódio...

De redentor dos séculos a prisioneiro das sombras...

De celeste pastor a ovelha oprimida...

De poderoso trono a cruz do martírio...

Do verbo santificante ao angustiado silêncio...

De advogado das criaturas a réu sem defesa...

Dos braços dos amigos ao contato de ladrões...

De doador da vida eterna a sentenciado no vale da morte...

Humilhou-se e apagou-se para que o homem se eleve e brilhe para sempre!

Oh! Senhor, que não fizeste por nós, a fim de aprendermos o caminho da Gloriosa Ressurreição no Reino?

63
O Senhor dá sempre

Pois se vós, sendo maus, sabeis dar boas dádivas aos vossos filhos, quanto mais dará o Pai celestial o Espírito Santo àqueles que lho pedirem?
JESUS (*Lucas*, 11:13.)

Um pai terrestre, não obstante o carinho cego com que muitas vezes envolve o coração, sempre sabe cercar o filho de dádivas proveitosas.

Por que motivo o Pai Celestial, cheio de sabedoria e amor, permaneceria surdo e imóvel perante as nossas súplicas?

O devotamento paternal do Supremo Senhor nos rodeia em toda parte. Importa, contudo, não viciarmos o entendimento.

Lembremo-nos de que a Providência Divina opera invariavelmente para o bem infinito.

Liberta a atmosfera asfixiante com os recursos da tempestade.

Defende a flor com espinhos.

Protege a plantação útil com adubos desagradáveis.

Sustenta a verdura dos vales com a dureza das rochas.

Assim também, nos círculos de lutas planetárias, acontecimentos que nos parecem desastrosos, à atividade particular, representam escoras ao nosso equilíbrio e ao nosso êxito, enquanto que fenômenos interpretados como calamidades na ordem coletiva constituem enormes benefícios públicos.

Roga, pois, ao Senhor a bênção da Luz Divina para o teu coração e para a tua inteligência, a fim de que te não percas no labirinto dos problemas; contudo, não te esqueças de que, na maioria das ocasiões, o socorro inicial do Céu nos vem ao caminho comum, através de angústias e desenganos. Aguarda, porém, confiante, a passagem dos dias. O tempo é o nosso explicador silencioso e te revelará ao coração a bondade infinita do Pai que nos restaura a saúde da alma, por intermédio do espinho da desilusão ou do amargoso elixir do sofrimento.

64
Melhor sofrer no bem

Porque melhor é que padeçais fazendo bem (se a vontade de Deus assim o quer) do que fazendo mal.
PEDRO (*I Pedro*, 3:17.)

Para amealhar recursos financeiros que será compelido a abandonar precipitadamente, o homem muitas vezes adquire deploráveis enfermidades, que lhe corroem os centros de força, trazendo a morte indesejável.

Comprando sensações efêmeras para o corpo de carne, comumente recebe perigosos males que o acompanham até os últimos dias do veículo em que se movimenta na Terra.

Encolerizando-se por insignificantes lições do caminho, envenena órgãos vitais, criando fatais desequilíbrios à vida física.

Recheando o estômago, em certas ocasiões, estabelece a viciação de aparelhos importantes da instrumentalidade fisiológica, renunciando à perfeição do vaso carnal pelo simples prazer da gula.

Por que temer os percalços da senda clara do amor e da sabedoria, se o trilho escuro do ódio e da ignorância permanece repleto de forças vingadoras e perturbantes?

Como recear o cansaço e o esgotamento, as complicações e incompreensões, os conflitos e os desgostos decorrentes da abençoada luta pela suprema vitória do bem, se o combate pelo triunfo provisório do mal conduz os batalhadores a tributos aflitivos de sofrimento?

Gastemos nossas melhores possibilidades a serviço do Cristo, empenhando-lhe nossas vidas.

A arma criminosa que se quebra e a medida repugnante consumada provocam sempre maldição e sombra, mas para o servo dilacerado no dever e para a lâmpada que se apaga no serviço iluminativo reserva-se destino diferente.

65
Tenhamos paz

Tende paz entre vós.
Paulo (*I Tessalonicenses*, 5:13.)

Se não é possível respirar num clima de paz perfeita entre as criaturas, em face da ignorância e da belicosidade que predominam na estrada humana, é razoável procure o aprendiz a serenidade interior, diante dos conflitos que buscam envolvê-lo a cada instante.

Cada mente encarnada constitui extenso núcleo de governo espiritual, subordinado agora a justas limitações, servido por várias potências, traduzidas nos sentidos e percepções.

Quando todos os centros individuais de poder estiverem dominados em si mesmos, com ampla movimentação no rumo do legítimo bem, então a guerra será banida do planeta.

Para isso, porém, é necessário que os irmãos em Humanidade, mais velhos na experiência e no conhecimento, aprendam a ter paz consigo.

Educar a visão, a audição, o gosto e os ímpetos representa base primordial do pacifismo edificante.

Geralmente, ouvimos, vemos e sentimos conforme nossas inclinações e não segundo a realidade essencial. Registamos[5] certas informações longe da boa intenção em que foram inicialmente vazadas, e sim de acordo com as nossas perturbações internas. Anotamos situações e paisagens com a luz ou com a treva que nos absorvem a inteligência. Sentimos com a reflexão ou com o caos que instalamos no próprio entendimento.

Eis por que, quanto nos seja possível, façamos serenidade em torno de nossos passos, ante os conflitos da esfera em que nos achamos.

Sem calma, é impossível observar e trabalhar para o bem.

Sem paz dentro de nós, jamais alcançaremos os círculos da paz verdadeira.

---

[5] N.E.: Ver nota no capítulo 9.

66
Boa vontade

Vede prudentemente como andais.
PAULO (*Efésios*, 5:15.)

Boa vontade descobre trabalho.
Trabalho opera a renovação.
Renovação encontra o bem.
O bem revela o espírito de serviço.
O espírito de serviço alcança a compreensão.
A compreensão ganha humildade.
A humildade conquista o amor.
O amor gera a renúncia.
A renúncia atinge a luz.
A luz realiza o aprimoramento próprio.
O aprimoramento próprio santifica o homem.
O homem santificado converte o mundo para Deus.
Caminhando prudentemente, pela simples boa vontade, a criatura alcançará o Divino Reino da Luz.

67
Má vontade

Não vos comuniqueis com as obras infrutuosas das trevas.
PAULO (*Efésios*, 5:11.)

Má vontade gera sombra.
A sombra favorece a estagnação.
A estagnação conserva o mal.
O mal entroniza a ociosidade.
A ociosidade cria a discórdia.
A discórdia desperta o orgulho.
O orgulho acorda a vaidade.
A vaidade atiça a paixão inferior.
A paixão inferior provoca a indisciplina.
A indisciplina mantém a dureza de coração.
A dureza de coração impõe a cegueira espiritual.
A cegueira espiritual conduz ao abismo.
    Entregue às obras infrutuosas da incompreensão, pela simples má vontade pode o homem rolar indefinidamente ao precipício das trevas.

68
Necessário acordar

Desperta, ó tu que dormes, levanta-te dentre os mortos e o Cristo te esclarecerá.
Paulo (*Efésios*, 5:14.)

Grande número de adventícios ou não aos círculos do Cristianismo acusa fortes dificuldades na compreensão e aplicação dos ensinamentos de Jesus. Alguns encontram obscuridades nos textos, outros perseveram nas questiúnculas literárias. Inquietam-se, protestam e rejeitam o pão divino pelo envoltório humano de que necessitou para preservar-se na Terra.

Esses amigos, entretanto, não percebem que isto ocorre porque permanecem dormindo, vítimas de paralisia das faculdades superiores.

Na maioria das ocasiões, os convites divinos passam por eles, sugestivos e santificantes; todavia, os companheiros distraídos interpretam-nos por cenas sagradas, dignas de louvor, mas depressa relegadas ao esquecimento. O coração não adere, dormitando amortecido, incapaz de analisar e compreender.

A criatura necessita indagar de si mesma o que faz, o que deseja, a que propósitos atende e a que finalidades se destina. Faz-se indispensável examinar-se, emergir da animalidade e erguer-se para senhorear o próprio caminho.

Grandes massas, supostamente religiosas, vão sendo conduzidas, através das circunstâncias de cada dia, quais fileiras de sonâmbulos inconscientes. Fala-se em Deus, em fé e em espiritualidade, qual se respirassem na estranha atmosfera de escuro pesadelo. Sacudidas pela corrente incessante do rio da vida, rolam no turbilhão dos acontecimentos, enceguecidas, dormentes e semimortas até que despertem e se levantem, através do esforço pessoal, a fim de que o Cristo as esclareça.

69
Hoje

Antes, exortai-vos uns aos outros, todos os dias, durante o tempo que se chama Hoje; para que nenhum de vós se endureça pelo engano do pecado.
Paulo (*Hebreus*, 3:13.)

O conselho da exortação recíproca, diária, indicado pelo apóstolo requisita bastante reflexão para que se não estabeleça guarida a certas dúvidas.

Salientemos que Paulo imprime singular importância ao tempo que se chama Hoje, destacando a necessidade de valorização dos recursos em movimento pelas nossas possibilidades no dia que passa.

Acreditam muitos que para aconselharem os irmãos necessitam falar sempre, transformando-se em discutidores contumazes. Importa reconhecer, porém, que uma advertência, quando se constitua somente de palavras, deixa invariável vazio após sua passagem.

Qual ocorre no plano das organizações físicas, edificação espiritual alguma se levantará sem bases.

O "exortai-vos uns aos outros" representa um apelo mais importante que o simples chamamento aos duelos verbais.

Convites e conselhos transparecem, com mais força, do exemplo de cada um. Todo aquele que vive na prática real dos princípios nobres a que se devotou no mundo, que cumpre zelosamente os deveres contraídos e que demonstre o bem sinceramente, está exortando os irmãos em Humanidade ao caminho de elevação. É para esse gênero de testemunho diário que o convertido de Damasco nos convoca. Somente por intermédio desse constante exercício de melhoria própria, libertar-se-á o homem de enganos fatais.

Não te endureças, pois, na estrada que o Senhor te levou a trilhar, em favor de teu resgate, aprimoramento e santificação. Recorda a importância do tempo que se chama Hoje.

70
Elogios

Mas ele disse: – Antes, bem-aventurados os que ouvem a palavra de Deus e a guardam.
(*Lucas*, 11:28.)

Dirigira-se Jesus à multidão, com o enorme poder do seu amor, conquistando geral atenção. Mal terminara as observações amorosas e sábias, eis que uma senhora se levanta no seio da turba e, magnetizada pela sua expressão de espiritualidade sublime, reporta-se, em alta voz, às bem-aventuranças que deviam caber a Maria, por haver contribuído na vinda do Salvador à face da Terra. Mas, prestamente, na perfeita compreensão das consequências infelizes que poderiam advir da atitude impensada, responde o Mestre que, antes de tudo, serão bem-aventurados os que ouvem a revelação de Deus e lhe praticam os ensinamentos, observando-lhe os princípios.

A passagem constitui esclarecimento vivo para que não se amorteça, entre os discípulos sinceros, a campanha contra o elogio pessoal, veneno das obras mais santas a sufocar-lhes propósitos e esperanças.

Se admiras algum companheiro que se categoriza a teus olhos por trabalhador fiel do bem, não o perturbes com palavras, das quais o mundo tem abusado muitas vezes, construindo frases superficiais, no perigoso festim da lisonja. Ajuda-o, com boa vontade e entendimento, na execução do ministério que lhe compete, sem te esqueceres de que, acima de todas as bem-aventuranças, brilham os divinos dons daqueles que ouvem a Palavra do Senhor, colocando-a em prática.

71

Sacudir o pó

E se ninguém vos receber, nem escutar as vossas palavras, saindo daquela casa ou cidade, sacudi o pó de vossos pés.
JESUS (*Mateus*, 10:14.)

Os próprios discípulos materializaram o ensinamento de Jesus, sacudindo a poeira das sandálias, em se retirando desse ou daquele lugar de rebeldia ou impenitência. Todavia, se o símbolo que transparece da lição do Mestre estivesse destinado apenas a gesto mecânico, não teríamos nele senão um conjunto de palavras vazias.

O ensinamento, porém, é mais profundo. Recomenda a extinção do fermento doentio.

Sacudir o pó dos pés é não conservar qualquer mágoa ou qualquer detrito nas bases da vida, em face da ignorância e da perversidade que se manifestam no caminho de nossas experiências comuns.

Natural é o desejo de confiar a outrem as sementes da verdade e do bem; entretanto, se somos recebidos pela hostilidade do meio a que nos dirigimos, não é razoável nos mantenhamos em longas observações e apontamentos, que, ao invés de conduzir-nos a tarefa a êxito oportuno, estabelecem sombras e dificuldades em torno de nós.

Se alguém te não recebeu a boa vontade, nem te percebeu a boa intenção, por que a perda de tempo em sentenças acusatórias? Tal atitude não soluciona os problemas espirituais. Ignoras, acaso, que o negador e o indiferente serão igualmente chamados pela morte do corpo à nossa pátria de origem? Encomenda-os a Jesus com amor e prossegue, em linha reta, buscando os teus sagrados objetivos. Há muito por fazer na edificação espiritual do mundo e de ti mesmo. Sacode, pois, as más impressões e marcha alegremente.

72
Contempla mais longe

*Porque com a mesma medida com que
medirdes também vos medirão.*
JESUS (*Lucas*, 6:38.)

Para o esquimó, o céu é um continente de gelo, sustentado a focas.

Para o selvagem da floresta, não há outro paraíso, além da caça abundante.

Para o homem de religião sectária, a glória de Além-Túmulo pertence exclusivamente a ele e aos que se lhe afeiçoam.

Para o sábio, este mundo e os círculos celestiais que o rodeiam são pequeninos departamentos do Universo.

Transfere a observação para o teu campo de experiência diária e não olvides que as situações externas serão retratadas em teu plano interior, segundo o material de reflexão que acolhes na consciência.

Se perseverares na cólera, todas as forças em torno te parecerão iradas.

Se preferes a tristeza, anotarás o desalento em cada trecho do caminho.

Se duvidas de ti próprio, ninguém confia em teu esforço.

Se te habituaste às perturbações e aos atritos, dificilmente saberás viver em paz contigo mesmo.

Respirarás na zona superior ou inferior, torturada ou tranquila, em que colocas a própria mente. E, dentro da organização na qual te comprazes, viverás com os gênios que invocas. Se te deténs no repouso, poderás adquiri-lo em todos os tons e matizes, e, se te fixares no trabalho, encontrarás mil recursos diferentes de servir.

Em torno de teus passos, a paisagem que te abriga será sempre em tua apreciação aquilo que pensas dela, porque com a mesma medida que aplicares à Natureza, obra viva de Deus, a Natureza igualmente te medirá.

73
Aprendamos quanto antes

*Como, pois, recebestes o Senhor Jesus
Cristo, assim também andai nele.*
Paulo (*Colossenses*, 2:6.)

Entre os que se referem a Jesus Cristo podemos identificar duas grandes correntes diversas entre si: a dos que o conhecem por informações e a dos que lhe receberam os benefícios. Os primeiros recolheram notícias do Mestre nos livros ou nas alheias exortações, entretanto caminham para a situação dos segundos, que já lhe receberam as bênçãos. A estes últimos, com mais propriedade, dever-se-á falar do Evangelho.

Como encontramos o Senhor, na passagem pelo mundo? Às vezes, sua divina presença se manifesta numa solução difícil de problema humano, no restabelecimento da saúde do corpo, no retorno de um ente amado, na espontânea renovação da estrada comum para que nova luz se faça no raciocínio.

Há muita gente informada com respeito a Jesus e inúmeras pessoas que já lhe absorveram a salvadora caridade.

É indispensável, contudo, que os beneficiários do Cristo, tanto quanto experimentam alegria na dádiva, sintam igual prazer no trabalho e no testemunho de fé.

Não bastará fartarmo-nos de bênçãos. É necessário colaborarmos, por nossa vez, no serviço do Evangelho, atendendo-lhe o programa santificador.

Muitas recapitulações fastidiosas e muita atividade inútil podem ser peculiares aos espíritos meramente informados; todavia, nós, que já recebemos infinitamente da Misericórdia do Senhor, aprendamos, quanto antes, a adaptação pessoal aos seus sublimes desígnios.

74
Más palestras

*Não vos enganeis: as más conversações
corrompem os bons costumes.*
Paulo (*I Coríntios*, 15:33.)

    A conversação menos digna deixa sempre o traço da inferioridade por onde passou. A atmosfera de desconfiança substitui, imediatamente, o clima da serenidade. O veneno de investigações doentias espalha-se com rapidez. Depois da conversação indigna, há sempre menos sinceridade e menor expressão de força fraterna. Em seu berço ignominioso, nascem os fantasmas da calúnia que escorregam por entre criaturas santamente intencionadas, tentando a destruição de lares honestos; surgem as preocupações inferiores que espiam de longe, enegrecendo atitudes respeitáveis; emerge a curiosidade criminosa, que comparece onde não é chamada, emitindo opiniões desabridas, induzindo os que a ouvem à mentira e à demência.
    A má conversação corrompe os pensamentos mais dignos. As palestras proveitosas sofrem-lhe, em todos

os lugares, a perseguição implacável, e imprescindível se torna manter-se o homem em guarda contra o seu assédio insistente e destruidor.

Quando o coração se entregou a Jesus, é muito fácil controlar os assuntos e eliminar as palavras aviltantes.

Examina sempre as sugestões verbais que te cercam no caminho diário. Trouxeram-te denúncias, más notícias, futilidades, relatórios malsãos da vida alheia? Observa como ages. Em todas as ocasiões, há recurso para retificares amorosamente, porquanto podes renovar todo esse material, em Jesus Cristo.

75

Murmurações

Fazei todas as coisas sem murmurações nem contendas.
Paulo (*Filipenses*, 2:14.)

Nunca se viu contenda que não fosse precedida de murmurações inferiores. É hábito antigo da leviandade procurar a ingratidão, a miséria moral, o orgulho, a vaidade e todos os flagelos que arruínam almas neste mundo para organizar as palestras da sombra, onde o bem, o amor e a verdade são focalizados com malícia.

Quando alguém comece a encontrar motivos fáceis para muitas queixas, é justo proceder a rigoroso autoexame, de modo a verificar se não está padecendo da terrível enfermidade das murmurações.

Os que cumprem seus deveres, na pauta das atividades justas, certamente não poderão cultivar ensejo a reclamações.

É indispensável conservar-se o discípulo em guarda contra esses acumuladores de energias destrutivas, porque, de maneira geral, sua influência perniciosa invade quase todos os lugares de luta do planeta.

É fácil identificá-los. Para eles, tudo está errado, nada serve, não se deve esperar algo de melhor em coisa alguma. Seu verbo é irritação permanente, suas observações são injustas e desanimam.

Lutemos, quanto estiver em nossas forças, contra essas humilhantes atitudes mentais. Confiados em Deus, dilatemos todas as nossas esperanças, certos de que, conforme asseveram os velhos Provérbios, o coração otimista é medicamento de paz e de alegria.

76
As testemunhas

Portanto, nós também, pois que estamos rodeados de uma tão grande nuvem de testemunhas, deixemos todo o embaraço.
Paulo (*Hebreus*, 12:1.)

Este conceito de Paulo de Tarso merece considerações especiais por parte dos aprendizes do Evangelho.

Cada existência humana é sempre valioso dia de luta – generoso degrau para a ascensão infinita – e, em qualquer posição que permaneça, a criatura estará cercada por enorme legião de testemunhas. Não nos reportamos tão somente àquelas que constituem parte integrante do quadro doméstico, mas, acima de tudo, aos amigos e benfeitores de cada homem, que o observam nos diferentes ângulos da vida, dos altiplanos da espiritualidade superior.

Em toda parte da Terra, o discípulo respira rodeado de grande nuvem de testemunhas espirituais, que lhe relacionam os passos e anotam as atitudes, porque ninguém alcança a experiência terrestre, a esmo, sem razões sólidas com bases no amor ou na justiça.

Antes da reencarnação, Espíritos generosos endossaram as súplicas da alma arrependida, juízes funcionaram nos processos que lhe dizem respeito, amigos interferiram nos serviços de auxílio, contribuindo na organização de particularidades da luta redentora... Esses irmãos e educadores passam a ser testemunhas permanentes do tutelado, enquanto perdura a nova tarefa e lhe *falam sem palavras,* nos refolhos da consciência. Filhos e pais, esposos e esposas, irmãos e parentes consanguíneos do mundo são protagonistas do drama evolutivo. Os observadores, em geral, permanecem no outro lado da vida.

Faze, pois, o bem possível aos teus associados de luta, no dia de hoje, e não te esqueças dos que te acompanham, em espírito, cheios de preocupação e amor.

77

Responder

A vossa palavra seja sempre agradável, temperada com sal, para que saibais como responder a cada um.
PAULO (*Colossenses*, 4:6.)

    O ato de responder proveitosamente a inteligências heterogêneas exige qualidades superiores que o homem deve esforçar-se por adquirir.

    Nem todos os argumentos podem ser endereçados, indistintamente, à coletividade dos companheiros que lutam entre si, nas tarefas evolutivas e redentoras. Necessário redarguir, com acerto, a cada um. Ao que lida no campo, não devemos retrucar mencionando espetáculos da cidade; ao que comenta dificuldades ásperas do caminho individualista, não se replicará com informações científicas de alta envergadura.

    Primeiramente, é imprescindível não desagradar a quem ouve, temperando a atitude verbal com a legítima compreensão dos problemas da vida, constituindo-nos um dever contribuir para que os desviados da simplicidade e da utilidade se reajustem.

Toda resposta em assunto importante é remédio. É indispensável saber dosá-lo, com vista aos efeitos. Cada criatura tolerará, com benefício, determinada dinamização. As próprias soluções da verdade e do amor não devem ser administradas sem esse critério. Aplicada em porções inadequadas, a verdade poderá destruir, tanto quanto o amor costuma perder...

Ainda que sejas interpelado pelo maior malfeitor do mundo, deves guardar uma atitude agradável e digna para informar ou esclarecer. Saber responder é virtude do quadro da sabedoria celestial. Em favor de ti mesmo, não olvides o melhor modo de atender a cada um.

78
Segundo a carne

Porque, se viverdes segundo a carne, morrereis.
Paulo (*Romanos*, 8:13.)

Para quem vive segundo a carne, isto é, de conformidade com os impulsos inferiores, a estação de luta terrestre não é mais que uma série de acontecimentos vazios.

Em todos os momentos, a limitação ser-lhe-á fantasma incessante.

Cérebro esmagado pelas noções negativas, encontrar-se-á com a morte, a cada passo.

Para a consciência que teve a infelicidade de esposar concepções tão escuras, não passará a existência humana de comédia infeliz.

No sofrimento, identifica uma casa adequada ao desespero.

No trabalho destinado à purificação espiritual, sente o clima da revolta.

Não pode contar com a bênção do amor, porquanto, em face da apreciação que lhe é própria, os laços afetivos são meros acidentes no mecanismo dos desejos eventuais.

A dor, benfeitora e conservadora do mundo, é-lhe intolerável, a disciplina constitui-lhe angustioso cárcere e o serviço aos semelhantes representa pesada humilhação.

Nunca perdoa, não sabe renunciar, dói-lhe ceder em favor de alguém e, quando ajuda, exige do beneficiado a subserviência do escravo.

Desditoso o homem que vive, respira e age segundo a carne! Os conflitos da posse atormentam-lhe o coração, por tempo indeterminado, com o mesmo calor da vida selvagem.

Ai dele, todavia, porque a hora renovadora soará sempre! E, se fugiu à atmosfera da imortalidade, se asfixiou as melhores aspirações da própria alma, se escapou ao exercício salutar do sofrimento, se fez questão de aumentar apetites e prazeres pela absoluta integração com o "lado inferior da vida", que poderá esperar do fim do corpo senão sepulcro, sombra e impossibilidade, dentro da noite cruel?

79
O "mas" e os discípulos

Tudo posso naquele que me fortalece.
Paulo (*Filipenses*, 4:13.)

O discípulo aplicado assevera:
— De mim mesmo, nada possuo de bom, mas Jesus me suprirá de recursos, segundo as minhas necessidades.
— Não disponho de perfeito conhecimento do caminho, mas Jesus me conduzirá.
O aprendiz preguiçoso declara:
— Não descreio da bondade de Jesus, mas não tenho forças para o trabalho cristão.
— Sei que o caminho permanece em Jesus, mas o mundo não me permite segui-lo.
O primeiro galga a montanha da decisão. Identifica as próprias fraquezas; entretanto, confia no Divino Amigo e delibera viver-lhe as lições.
O segundo estima o descanso no vale fundo da experiência inferior. Reconhece as graças que o Mestre lhe conferiu; todavia, prefere furtar-se a elas.

O primeiro fixou a mente na Luz Divina e segue adiante. O segundo parou o pensamento nas próprias limitações.

O "mas" é a conjunção que, nos processos verbalistas, habitualmente nos define a posição íntima perante o Evangelho. Colocada à frente do Santo Nome, exprime-nos a firmeza e a confiança, a fé e o valor; contudo, localizada depois dele, situa-nos a indecisão e a ociosidade, a impermeabilidade e a indiferença.

Três letras apenas denunciam-nos o rumo.

— Assim recomendam meus princípios, *mas* Jesus pede outra coisa.

— Assim aconselha Jesus, *mas* não posso fazê-lo.

Através de uma palavra pequena e simples, fazemos a profissão de fé ou a confissão de ineficiência.

Lembremo-nos de que Paulo de Tarso, não obstante apedrejado e perseguido, conseguiu afirmar, vitorioso, aos filipenses: — "Tudo posso naquele que me fortalece."

80
O "não" e a luta

Mas seja o vosso falar: sim, sim; não, não.
JESUS (*Mateus*, 5:37.)

Ama, de acordo com as lições do Evangelho, mas não permitas que o teu amor se converta em grilhão, impedindo-te a marcha para a vida superior.

Ajuda a quantos necessitam de tua cooperação; entretanto, não deixes que o teu amparo possa criar perturbações e vícios para o caminho alheio.

Atende com alegria ao que te pede um favor; contudo, não cedas à leviandade e à insensatez.

Abre portas de acesso ao bem-estar aos que te cercam, mas não olvides a educação dos companheiros para a felicidade real.

Cultiva a delicadeza e a cordialidade; no entanto, sê leal e sincero em tuas atitudes.

O "sim" pode ser muito agradável em todas as situações; todavia, o "não", em determinados setores da luta humana, é mais construtivo.

Satisfazer a todas as requisições do caminho é perder tempo e, por vezes, a própria vida.

Tanto quanto o "sim" deve ser pronunciado sem incenso bajulatório, o "não" deve ser dito sem aspereza.

Muita vez, é preciso contrariar para que o auxílio legítimo não se perca; urge reconhecer, porém, que a negativa salutar jamais perturba. O que dilacera é o tom contundente no qual é vazada.

As maneiras, na maior parte das ocasiões, dizem mais que as palavras.

"Seja o vosso falar: sim, sim; não, não", recomenda o Evangelho. Para concordar ou recusar, todavia, ninguém precisa ser de mel ou de fel. Bastará lembrarmos que Jesus é o Mestre e o Senhor não só pelo que faz, mas também pelo que deixa de fazer.

81
No paraíso

*E respondeu-lhe Jesus: em verdade te digo
que hoje estarás comigo no Paraíso.
(Lucas, 23:43.)*

À primeira vista, parece que Jesus se inclinou para o chamado bom ladrão, através da simpatia particular.

Mas, não é assim.

O Mestre, nessa lição do Calvário, renovou a definição de paraíso.

Noutra passagem, Ele mesmo asseverou que o Reino Divino não surge com aparências exteriores. Inicia-se, desenvolve-se e consolida-se, em resplendores eternos, no imo do coração.

Naquela hora de sacrifício culminante, o bom ladrão rendeu-se incondicionalmente a Jesus Cristo. O leitor do Evangelho não se informa com respeito aos porfiados trabalhos e às responsabilidades novas que lhe pesariam nos ombros, de modo a cimentar a união com o Salvador; todavia, convence-se de que daquele momento em diante o ex-malfeitor penetrará o Céu.

O símbolo é formoso e profundo e dá ideia da infinita extensão da Divina Misericórdia.

Podemos apresentar-nos com volumosa bagagem de débitos do passado escuro, ante a verdade; mas desde o instante em que nos rendemos aos desígnios do Senhor, aceitando sinceramente o dever da própria regeneração, avançamos para região espiritual diferente, onde todo jugo é suave e todo fardo é leve. Chegado a essa altura, o espírito endividado não permanecerá em falsa atitude beatífica, reconhecendo, acima de tudo, que, com Jesus, o sofrimento é retificação e as cruzes são claridades imortais.

Eis o motivo pelo qual o bom ladrão, naquela mesma hora, ingressou nas excelsitudes do paraíso.

82

Em espírito

Mas, se pelo espírito mortificardes as obras da carne, vivereis.
Paulo (*Romanos*, 8:13.)

Quem vive segundo as leis sublimes do espírito respira em esfera diferente do próprio campo material em que ainda pousa os pés.

Avançada compreensão assinala-lhe a posição íntima.

Vale-se do dia qual aprendiz aplicado que estima, na permanência sobre a Terra, valioso tempo de aprendizado que não deve menosprezar.

Encontra, no trabalho, a dádiva abençoada de elevação e aprimoramento.

Na ignorância alheia, descobre preciosas possibilidades de serviço.

Nas dificuldades e aflições da estrada, recolhe recursos à própria iluminação e engrandecimento.

Vê passar obstáculos, como vê correr nuvens.

Ama a responsabilidade, mas não se prende à posse.

Dirige com devotamento; contudo, foge ao domínio.

Ampara sem inclinações doentias.

Serve sem escravizar-se.

Permanece atento para com as obrigações da sementeira; todavia, não se inquieta pela colheita, porque sabe que o campo e a planta, o Sol e a chuva, a água e o vento pertencem ao Eterno Doador.

Usufrutuário dos bens divinos, onde quer que se encontre, carrega consigo mesmo, na consciência e no coração, os próprios tesouros.

Bem-aventurado o homem que segue vida afora em espírito! Para ele, a morte aflitiva não é mais que alvorada de novo dia, sublime transformação e alegre despertar!

83
Conforme o amor

Mas, se por causa da comida se contrista teu irmão, já não andas conforme o amor. Não destruas por causa da tua comida aquele por quem o Cristo morreu.
PAULO (*Romanos*, 14:15.)

Preconceitos dogmáticos fazem vítimas em todos os tempos, e os herdeiros do Cristianismo não faltaram nesse concerto de incompreensão.

Ainda hoje os processos sectários, embora menos rigorosos nas manifestações, continuam ferindo corações e menosprezando sentimentos.

Noutra época, os discípulos procedentes do Judaísmo provocavam violentos atritos em face das tradições referentes à comida impura; agora, não temos o problema das carnes sacrificadas no Templo; entretanto, novos formalismos religiosos substituíram os velhos motivos de polêmica e discordância.

Há sacerdotes que só se sentem missionários em celebrando os ofícios que lhes competem e crentes que não entendem a meditação e o serviço espiritualizante senão em horas domingueiras, com a prece em exclusiva atitude corporal.

O discípulo que já conseguiu sobrepor-se a semelhantes barreiras deve cooperar em silêncio para estender os benefícios de sua vitória.

Constituiria absurdo transpor o obstáculo e continuar, deliberadamente, nas demonstrações puramente convencionalistas, mas seria também ausência de caridade atirar impropérios aos pobres irmãos que ainda se encontram em angustiosos conflitos mentais por encontrarem a si mesmos, dentro da ideia augusta de Deus.

Quando reparares algum amigo, prisioneiro dessas ilusões, recorda que o Mestre foi igualmente à cruz por causa dele. Situa a bondade à frente da análise e a tua observação será construtiva e santificante. Toda vez que houver compreensão no cântaro de tua alma, encontrarás infinitos recursos para auxiliar, amar e servir.

84
Levantando mãos santas

Quero, pois, que os homens orem em todo lugar, levantando mãos santas, sem ira nem contenda.
PAULO (*I Timóteo*, 2:8.)

Neste trecho da primeira epístola de Paulo a Timóteo, recebemos preciosa recomendação de serviço.

Alguns aprendizes desejarão lobrigar no texto apenas uma exortação às atitudes de louvor; no entanto, o convertido de Damasco esclarece que devemos levantar mãos santas em todo lugar, sem ira nem contenda.

Não se referia Paulo ao ato de mãos postas que a criatura prefere sempre levar a efeito, em determinados círculos religiosos, onde, pelo artificialismo respeitável da situação, não se justificam irritações ou disputas visíveis. O apóstolo menciona a ação honesta e edificante do homem que colabora com a Providência Divina e reporta-se ao trabalho de cada dia, que se verifica nas mais recônditas regiões do globo.

Lendo-lhe o conselho, é razoável recordar que o homem, no esforço individualista, invariavelmente ergue as mãos na tarefa diuturna. Se administra, permanece indicando caminhos; se participa de labores intelectuais, empunha a pena; se opera no campo, guiará o instrumento agrícola. Paulo acrescenta, porém, que essas mãos devem ser santificadas, depreendendo-se daí que muita gente move os braços na obra terrestre, salientando-se, todavia, a conveniência de se ajuizar da finalidade e do conteúdo da ação despendida.

Se desejas aplicar o raciocínio a ti próprio, repara, antes de tudo, se a tua realização vai prosseguindo sem cólera destrutiva e sem demandas inúteis.

85
E o adúltero?

*E, pondo-a no meio, disseram-lhe: Mestre, esta mulher
foi apanhada, no próprio ato, adulterando.*
(*João*, 8:4.)

    O caso da pecadora apresentada pela multidão a Jesus envolve considerações muito significativas, referentemente ao impulso do homem para ver o mal nos semelhantes, sem enxergá-lo em si mesmo.

    Entre as reflexões que a narrativa sugere, identificamos a do errôneo conceito de adultério unilateral.

    Se a infeliz fora encontrada em pleno delito, onde se recolhera o adúltero que não foi trazido a julgamento pelo cuidado popular? Seria ela a única responsável? Se existia uma chaga no organismo coletivo, requisitando intervenção a fim de ser extirpada, em que furna se ocultava aquele que ajudava a fazê-la?

    A atitude do Mestre, naquela hora, caracterizou-se por infinita sabedoria e inexcedível amor. Jesus não podia centralizar o peso da culpa na mulher desventurada e, deixando perceber o erro geral, indagou dos que se achavam sem pecado.

O grande e espontâneo silêncio, que então se fez, constituiu resposta mais eloquente que qualquer declaração verbal.

Ao lado da mulher adúltera permaneciam também os homens pervertidos, que se retiraram envergonhados.

O homem e a mulher surgem no mundo com tarefas específicas que se integram, contudo, num trabalho essencialmente uno, dentro do plano da evolução universal. No capítulo das experiências inferiores, um não cai sem o outro, porque a ambos foi concedido igual ensejo de santificar.

Se as mulheres desviadas da elevada missão que lhes cabe prosseguem sob triste destaque no caminho social, é que os adúlteros continuam ausentes da hora de juízo, tanto quanto no momento da célebre sugestão de Jesus.

86
Intentar e agir

E fazei veredas direitas para os vossos pés, para que o que manqueja se não desvie inteiramente, mas antes seja sarado.
PAULO (*Hebreus*, 12:13.)

O homem bem-intencionado refletirá intensamente em melhores caminhos, alimentando ideais superiores e inclinando-se à bondade e à justiça.

Convenhamos, porém, que a boa intenção passará sem maior benefício, caso não se ligue à esfera das realidades imediatas na ação reta.

É necessário meditar no bem; todavia, é imprescindível executá-lo.

A Providência Divina cerca a estrada das criaturas com o material de edificação eterna, possibilitando-lhes a construção das "veredas direitas" a que Paulo de Tarso se reporta. Semelhante realização por parte do discípulo é indispensável, porquanto, em torno de seus caminhos, seguem os que manquejam. Os prisioneiros da ignorância e da má-fé arrastam-se, como podem, nas margens do serviço de ordem superior, e, de quando em quando, se aproximam dos servidores fiéis do Cristo, propondo-lhes medidas e negócios que se lhes ajustem à mentalidade inferior. Somente aqueles que constroem estradas retas escapam-lhes aos assaltos sutis, defendendo-se e oferecendo-lhes também novas bases a fim de que se não desviem inteiramente dos Divinos Desígnios.

Aplica sempre as tuas boas intenções, no plano das realidades práticas, para que as tuas boas obras se iluminem de amor e para que o teu amor não se faça órfão de boas obras. Faze isso por ti, que necessitas de elevação, e por aqueles que ainda te procuram manquejando.

87
Pondera sempre

E o que de mim, diante de muitas testemunhas, ouviste, confia-o a homens fiéis, que sejam idôneos para também ensinarem a outros.
PAULO (*II Timóteo*, 2:2.)

Os discípulos do Evangelho, no Espiritismo cristão, muitas vezes evidenciam insofreável entusiasmo, ansiosos de estender a fé renovada, contagiosa e ardente. No entanto, semelhante movimentação mental exige grande cuidado, não só porque assombro e admiração não significam elevação interior, como também porque é indispensável conhecer a qualidade do terreno espiritual a que se vai transmitir o poder do conhecimento.

Claro que não nos reportamos aqui ao ato de semeadura geral da verdade reveladora, nem à manifestação da bondade fraterna, que traduzem nossas obrigações naturais na ação do bem. Encareçamos, sim, a necessidade de cada irmão governar o patrimônio de dádivas espirituais recebidas do plano superior, a fim de não relegar valores celestes ao menosprezo da maldade e da ignorância.

Distribuamos a luz do amor com os nossos companheiros de jornada; todavia, defendamos o nosso íntimo santuário contra as arremetidas das trevas.

Lembremo-nos de que o próprio Mestre reservava lições diferentes para as massas populares e para a pequena comunidade dos aprendizes; não se fez acompanhar por todos os discípulos na transfiguração do Tabor; na última ceia, aguarda a ausência de Judas para comentar as angústias que sobreviriam.

É necessário atentarmos para essas atitudes do Cristo, compreendendo que nem tudo está destinado a todos. Os espíritos enobrecidos que se comunicam na esfera carnal adotam sempre o critério seletivo, buscando criaturas idôneas e fiéis, habilitadas a ensinar aos outros. Se eles, que já podem identificar os problemas com a visão iluminada, agem com prudência, nesse sentido, como não deverá vigiar o discípulo que apenas dispõe dos olhos corporais? Trabalhemos em benefício de todos, estendamos os laços fraternais, compreendendo, porém, que cada criatura tem o seu degrau na infinita escala da vida.

88
Correções

Se suportais a correção, Deus vos trata como a filhos; pois que filho há a quem o pai não corrija?
Paulo (*Hebreus*, 12:7.)

Bem-aventurado o espírito que compreende a correção do Senhor e aceita-a sem relutar.

Raras, todavia, são as criaturas que conseguem entendê-la e suportá-la.

Por vezes, a repreensão generosa do Alto – símbolo de desvelado amor – atinge o campo do homem, traduzindo advertência sagrada e silenciosa, mas, na maioria das ocasiões, a mente encarnada repele o aguilhão salvador, mergulha dentro da noite da rebeldia, elimina possibilidades preciosas e qualifica de infortúnio insuportável a influência renovadora, destinada a clarear-lhe o escuro e triste caminho.

Muita gente, em face do fenômeno regenerativo, apela para a fuga espetacular da situação difícil e entrega-se, inerme, ao suicídio lento, abandonando-se à indiferença integral pelo próprio destino.

Quem assim procede não pode ser tratado por filho, porquanto isolou a si mesmo, afastou-se da Providência Divina e ergueu compactas paredes de sombra entre o próprio coração e as Bênçãos Paternas.

Aqueles que compreendem as correções do Todo-Misericordioso reajustam-se em círculos de vida nova e promissora.

Vencida a tempestade íntima, revalorizam as oportunidades de aprender, servir e construir, e, fundamentados nas amargas experiências de ontem, aplicam as graças da vida superior, com vistas ao amanhã.

Não te esqueças de que o mal não pode oferecer retificações a ninguém. Quando a correção do Senhor alcançar-te o caminho, aceita-a, humildemente, convicto de que constitui verdadeira mensagem do Céu.

89
Bem-aventuranças

Bem-aventurados sereis quando os homens vos aborrecerem, e quando vos separarem, vos injuriarem e rejeitarem o vosso nome como mau, por causa do Filho do homem.
Jesus (*Lucas*, 6:22.)

O problema das bem-aventuranças exige sérias reflexões, antes de interpretado por questão líquida, nos bastidores do conhecimento.

Confere Jesus a credencial de bem-aventurados aos seguidores que lhe partilham as aflições e trabalhos; todavia, cabe-nos salientar que o Mestre categoriza sacrifícios e sofrimentos à conta de bênçãos educativas e redentoras.

Surge, então, o imperativo de saber aceitá-los.

Esse ou aquele homem serão bem-aventurados por haverem edificado o bem, na pobreza material, por encontrarem alegria na simplicidade e na paz, por saberem guardar no coração longa e divina esperança.

Mas... e a adesão sincera às sagradas obrigações do título?

O Mestre, na supervisão que lhe assinala os ensinamentos, reporta-se às bem-aventuranças eternas; entretanto, são raros os que se aproximam delas com a perfeita compreensão de quem se avizinha de tesouro imenso. A maioria dos menos favorecidos no plano terrestre, se visitados pela dor, preferem a lamentação e o desespero; se convidados ao testemunho de renúncia, resvalam para a exigência descabida e, quase sempre, ao invés de trabalharem pacificamente, lançam-se às aventuras indignas de quantos se perdem na desmesurada ambição.

Ofereceu Jesus muitas bem-aventuranças. Raros, porém, desejam-nas. É por isso que existem muitos pobres e muitos aflitos que podem ser grandes necessitados no mundo, mas que ainda não são benditos no Céu.

90
O trabalhador divino

Ele tem a pá na sua mão; limpará a sua eira e ajuntará o trigo no seu celeiro, mas queimará a palha com o fogo que nunca se apaga.
João Batista (*Lucas*, 3:17.)

Apóstolos e seguidores do Cristo, desde as organizações primitivas do movimento evangélico, designaram-no através de nomes diversos.

Jesus foi chamado o Mestre, o Pastor, o Messias, o Salvador, o Príncipe da Paz; todos esses títulos são justos e veneráveis; entretanto, não podemos esquecer, ao lado dessas evocações sublimes, aquela inesperada apresentação do Batista. O Precursor designa-o por trabalhador atento que tem a pá nas mãos, que limpará o chão duro e inculto, que recolherá o trigo na ocasião adequada e que purificará os detritos com a chama da justiça e do amor que nunca se apaga.

Interessante notar que João não apresenta o Senhor empunhando leis, cheio de ordenações e pergaminhos, nem se refere a Ele, de acordo com as velhas tradições judaicas, que aguardavam o Divino Mensageiro num carro de glórias magnificentes. Refere-se ao trabalhador abnegado e otimista. A pá rústica não descansa ao seu lado, mas permanece vigilante em suas mãos, e em seu espírito reina a esperança de limpar a terra que lhe foi confiada às salvadoras diretrizes.

Todos vós que viveis empenhados nos serviços terrestres, por uma era melhor, mantende aceso no coração o devotamento à causa do Evangelho do Cristo. Não nos cerceiem dificuldades ou ingratidões. Desdobremos nossas atividades sob o precioso estímulo da fé, porque conosco vai à frente, abençoando-nos a humilde cooperação, aquele trabalhador divino que limpará a eira do mundo.

91
Isso é contigo

E disse: pequei, traindo o sangue inocente. Eles, porém, responderam: que nos importa? Isso é contigo.
(Mateus, 27:4.)

A palavra da maldade humana é sempre cruel para quantos lhe ouvem as criminosas insinuações.

O caso de Judas demonstra a irresponsabilidade e a perversidade de quantos cooperam na execução dos grandes delitos.

O espírito imprevidente, se considera os alvitres malévolos, em breve tempo se capacita da solidão em que se encontra nos círculos das consequências desastrosas.

Quem age corretamente encontrará, nos felizes resultados de suas iniciativas, aluviões de companheiros que lhe desejam partilhar as vitórias; entretanto, muito raramente sentirá a presença de alguém que lhe comungue as aflições nos dias da derrota temporária.

Semelhante realidade induz a criatura à precaução mais insistente.

A experiência amarga de Judas repete-se com a maioria dos homens, todos os dias, embora em outros setores.

Há quem ouça delituosas insinuações da malícia ou da indisciplina, no que concerne à tranquilidade interior, às questões de família e ao trabalho comum. Por vezes, o homem respira em paz, desenvolvendo as tarefas que lhe são necessárias; todavia, é alcançado pelo conselho da inveja ou da desesperação e perturba-se com falsas perspectivas, penetrando, inadvertidamente, em labirintos escuros e ingratos. Quando reconhece o equívoco do cérebro ou do coração, volta-se, ansioso, para os conselheiros da véspera, mas o mundo inferior, refazendo a observação a Judas, exclama em zombaria: – "Que nos importa? Isso é contigo."

92
Deus não desampara

E dei-lhe tempo para que se arrependesse da sua prostituição, e não se arrependeu.
(Apocalipse, 2:21.)

Se o Apocalipse está repleto de símbolos profundos, isso não impede venhamos a examinar-lhe as expressões, compatíveis com o nosso entendimento, extraindo as lições suscetíveis de ampliar-nos o progresso espiritual.

O versículo mencionado proporciona uma ideia da longanimidade do Altíssimo, na consideração das falhas e defecções dos filhos transgressores.

Muita gente insiste pela rigidez e irrevogabilidade das determinações de origem divina; entretanto, compete-nos reconhecer que os corações inclinados a semelhante interpretação ainda não conseguem analisar a essência sublime do amor que apaga dívidas escuras e faz nascer novo dia nos horizontes da alma.

Se entre juízes terrestres existem providências fraternas, qual seja a da liberdade sob condição, seria o tribunal celeste constituído por inteligências mais duras e inflexíveis?

A Casa do Pai é muito mais generosa que qualquer figuração de magnanimidade apresentada, até agora, no mundo, pelo pensamento religioso. Em seus celeiros abundantes, há empréstimos e moratórias, concessões de tempo e recursos que a mais vigorosa imaginação humana jamais calculará.

O Altíssimo fornece dádivas a todos, e, na atualidade, é aconselhável medite o homem terreno nos recursos que lhe foram concedidos pelo Céu, para arrependimento, buscando renovar-se nos rumos do bem.

Os prisioneiros da concepção de justiça implacável ignoram os poderosos auxílios do Todo-Poderoso, que se manifestam através de mil modos diferentes; contudo, os que procuram a própria iluminação pelo amor universal sabem que Deus dá sempre e que é necessário aprender a receber.

93
O Evangelho e a mulher

*Assim devem os maridos amar a suas próprias
mulheres, como a seus próprios corpos. Quem
ama a sua mulher, ama-se a si mesmo.*
PAULO (*Efésios*, 5:28.)

    Muita vez, o Apóstolo dos Gentios tem sido acusado de excessiva severidade para com o elemento feminino. Em alguns trechos das cartas que dirigiu às igrejas, Paulo propôs medidas austeras que, de certo modo, chocaram inúmeros aprendizes. Poucos discípulos repararam, na energia das palavras dele, a mobilização dos recursos do Cristo, para que se fortalecesse a defesa da mulher e dos patrimônios de elevação que lhe dizem respeito.
    Com Jesus, começou o legítimo feminismo. Não aquele que enche as mãos de suas expositoras com estandartes coloridos das ideologias políticas do mundo, mas que lhes traça nos corações diretrizes superiores e santificantes.

Nos ambientes mais rigoristas em matéria de fé religiosa, quais o do Judaísmo, antes do Mestre, a mulher não passava de mercadoria condenada ao cativeiro. Vultos eminentes, quais David e Salomão, não conseguiram fugir aos abusos de sua época, nesse particular.

O Evangelho, porém, inaugura nova era para as esperanças femininas. Nele vemos a consagração da Mãe Santíssima, a sublime conversão de Madalena, a dedicação das irmãs de Lázaro, o espírito abnegado das senhoras de Jerusalém que acompanham o Senhor até o instante extremo. Desde Jesus, observamos crescente respeito na Terra pela missão feminil. Paulo de Tarso foi o consolidador desse movimento regenerativo. Apesar da energia áspera que lhe assinala as palavras, procurava levantar a mulher da condição de aviltada, confiando-a ao homem, na qualidade de mãe, irmã, esposa ou filha, associada aos seus destinos e, como criatura de Deus, igual a ele.

94
Sexo

Eu sei, e estou certo no Senhor Jesus, que nenhuma coisa é de si mesma imunda, a não ser para aquele que a tem por imunda.
Paulo (*Romanos*, 14:14.)

Quando Paulo de Tarso escreveu esta observação aos romanos, referia-se à alimentação que, na época, representava objeto de áridas discussões entre gentios e judeus.

Nos dias que passam, o ato de comer já não desperta polêmicas perigosas; entretanto, podemos tomar o versículo e projetá-lo noutros setores de falsa opinião.

Vejamos o sexo, por exemplo. Nenhum departamento da atividade terrestre sofre maiores aleives. Fundamente cego de espírito, o homem, de maneira geral, ainda não consegue descobrir aí um dos motivos mais sublimes de sua existência. Realizações das mais belas, na luta planetária, quais sejam as da aproximação das almas na paternidade e na maternidade, a criação e a reprodução das formas, a extensão da vida e preciosos estímulos ao trabalho e à regeneração foram proporcionadas pelo Senhor às criaturas, por intermédio das emoções sexuais; todavia, os homens menoscabam o "lugar santo", povoando-lhe os altares com os fantasmas do desregramento.

O sexo fez o lar e criou o nome de mãe; contudo, o egoísmo humano deu-lhe em troca absurdas experimentações de animalidade, organizando para si mesmo provações cruéis.

O Pai ofereceu o santuário aos filhos, mas a incompreensão se constituiu em oferta deles. É por isso que romances dolorosos e aflitivos se estendem através de todos os continentes da Terra.

Ainda assim, mergulhado em deploráveis desvios, pergunta o homem pela educação sexual, exigindo-lhe os programas. Sim, semelhantes programas poderão ser úteis; todavia, apenas quando espalhar-se a santa noção da divindade do poder criador, porque, enquanto houver imundície no coração de quem analise ou de quem ensine, os métodos não passarão de coisas igualmente imundas.

95
Esta é a mensagem

Porque esta é a mensagem que ouvistes desde o princípio: que nos amemos uns aos outros.
(*I João*, 3:11.)

Em todo o mundo sentimos a enorme inquietação por novas mensagens do Céu. Forças dinâmicas do pensamento insistem em receber modernas expressões de velhas verdades, ensaiando-se criações mentais diferentes. Notamos, porém, que a arte procura novas experimentações e se povoa de imagens negativas, que a política inventa ideologias e processos inéditos de governar e dilata o curso da guerra destruidora, que a ciência busca desferir voos mais altos e institui teorias dissolventes da concórdia e do bem-estar.

Grandes facções religiosas efetuam trabalho heroico na demonstração da eternidade da vida, suplicando sinais espetaculares do reino invisível ao homem comum.

Convenhamos que haverá sempre benefício nas aspirações elevadas do espírito humano, quando sinceramente procura as vibrações de natureza divina; todavia, necessitamos reconhecer que se há inúmeras mensagens substanciosas, edificantes e iluminadas na Terra, a maior e mais preciosa de todas, desde o princípio da organização planetária, é aquela da solidariedade fraternal, no "amemo-nos uns aos outros".

Esta é a recomendação primordial. Sentindo-a, cada discípulo pode examinar, nos círculos da luta diária, o índice de compreensão que já possui acerca dos Desígnios Divinos.

Mesmo que esse ou aquele irmão ainda não a tenha entendido, inicia a execução do paternal conselho em ti mesmo.

Ama sempre. Faze todo bem. Começa estimando os que te não compreendem, convicto de que esses, mais depressa, te farão melhor.

96
Justamente por isso

*Não vos escrevi porque ignorásseis a
verdade, mas porque a conheceis.*
(I João, 2:21.)

O intercâmbio cada vez mais intensivo entre os chamados "vivos" e "mortos" constitui grande acontecimento para as organizações evangélicas de modo geral.

Não é tão somente realização para a escola espiritista; pertence às comunidades do Cristianismo inteiro.

Por enquanto, anotamos aqui e ali protestos do dogmatismo organizado; entretanto, a revivescência da verdade assim o exige.

Toda aquisição tem seu preço e qualquer renovação encontra obstáculos espontâneos.

Dia virá em que as várias subdivisões do evangelismo compreenderão a divina finalidade do novo concerto.

O movimento de troca espiritual entre as duas esferas é cada vez mais dilatado. O devotamento dos desencarnados provoca a atenção dos encarnados.

O Senhor permitiu mundial Pentecostes para o reajustamento da realidade eterna.

Convém notar, contudo, que as vozes comovedoras e revigorantes do Além repetem, comumente, velhas fórmulas da Revelação e relembram o passado da Sabedoria terrestre, a fim de extrair conceituação mais respeitável referentemente à vida.

É neste ponto que recordamos as palavras de João, interrogando sinceramente: comunicar-se-ão os "mortos" com os "vivos", porque os homens ignoram a verdade?

Isto não.

Se os que partem falam novamente aos que ficam é que estes conhecem o caminho da redenção com Jesus, mas não se animam nem se decidem a trilhá-lo.

97
Conserva o modelo

Conserva o modelo das sãs palavras.
Paulo (*II Timóteo*, 1:13.)

Distribui os recursos que a Providência te encaminhou às mãos operosas; todavia, não te esqueças de que a palavra confortadora ao aflito representa serviço direto de teu coração na sementeira do bem.

O pão do corpo é uma esmola pela qual sempre receberás a justa recompensa, mas o sorriso amigo é uma bênção para a eternidade.

Envia mensageiros ao socorro fraternal; contudo, não deixes, pelo menos uma vez por outra, de visitar o irmão doente e ouvi-lo em pessoa.

A expedição de auxílio é uma gentileza que te angariará simpatia; no entanto, a intervenção direta no amparo ao necessitado conferir-te-á preparação espiritual à frente das próprias lutas.

Sobe à tribuna e ensina o caminho redentor aos semelhantes; todavia, interrompe as preleções, de vez em quando, a fim de assinalar o lamento de um companheiro na experiência humana, ainda mesmo quando se trata de um filho do desespero ou da ignorância, para que não percas o senso das proporções em tua marcha.

Cultiva as flores do jardim particular de tuas afeições mais queridas, porque, sem o canteiro de experimentação, é muito difícil atender à lavoura nobre e intensiva, mas não fujas sistematicamente à floresta humana, com receio dos vermes e monstros que a povoam, porquanto é imprescindível te prepares a avançar, mais tarde, dentro dela.

Nos círculos da vida, não olvides a necessidade do ensinamento gravado em ti mesmo.

Assim como não podes tomar alimento individual, através de um substituto, e nem podes aprender a lição, guardando-lhe os caracteres na memória alheia, não conseguirás comparecer, ante as Forças Supremas da Sabedoria e do Amor, com realizações e vitórias que não tenham sido vividas e conquistadas por ti mesmo.

"Conserva", pois, contigo, "o modelo das sãs palavras".

98
Evita contender

Ao servo do Senhor não convém contender.
Paulo (*II Timóteo*, 2:24.)

Foge aos que buscam demanda no serviço do Senhor.

Não estão eles à procura de claridade divina para o coração. Apenas disputam louvor e destaque no terreno das considerações passageiras. Analisando as letras sagradas, não atraem recursos necessários à própria iluminação, e, sim, os meios de se evidenciarem no personalismo inferior. Combatem os semelhantes que lhes não adotam a cartilha particular, atiram-se contra os serviços que lhes não guardam o controle direto, não colaboram senão do vértice para a base, não enxergam vantagens senão nas tarefas de que eles mesmos se incumbem. Estimam as longas discussões a propósito da colocação de uma vírgula e perdem dias imensos para descobrir as contradições aparentes dos escritores consagrados ao ideal de Jesus. Jamais dispõem de tempo para os serviços da humildade cristã, interessados que se acham na evidência pessoal. Encontram sempre grande estranheza na conjugação dos verbos ajudar, perdoar e servir. Fixam-se, invariavelmente, na zona imperfeita da Humanidade e trazem azorragues nas mãos pelo mau gosto de vergastar. Contendem acerca de todas as particularidades da edificação evangélica e, quando surgem perspectivas de acordo construtivo, criam novos motivos de perturbação.

Os que se incorporam ao Evangelho Salvador, por espírito de contenda, são dos maiores e dos mais sutis adversários do Reino de Deus.

É indispensável a vigilância do aprendiz, a fim de que se não perca no desvario das palavras contundentes e inúteis.

Não estamos convocados a querelar, e, sim, a servir e a aprender com o Mestre; nem fomos chamados à entronização do "eu", mas, sim, a cumprir os desígnios superiores na construção do Reino Divino em nós.

99

Com ardente amor

*Mas, sobretudo, tende ardente caridade
uns para com os outros.*
Pedro (*I Pedro*, 4:8.)

Não basta a virtude apregoada em favor do estabelecimento do Reino Divino entre as criaturas.

Problema excessivamente debatido – solução mais demorada...

Ouçamos, individualmente, o aviso apostólico e enchamo-nos de ardente caridade, uns para com os outros.

Bem falar, ensinar com acerto e crer sinceramente são fases primárias do serviço. Imprescindível trabalhar, fazer e sentir com o Cristo.

Fraternidade simplesmente aconselhada a outrem constrói fachadas brilhantes que a experiência pode consumir num minuto.

Urge alcançarmos a substância, a essência...

Sejamos compreensivos para com os ignorantes, vigilantes para com os transviados na maldade e nas trevas, pacientes para com os enfermiços, serenos para com os irritados e, sobretudo, manifestemos a bondade para com todos aqueles que o Mestre nos confiou para os ensinamentos de cada dia.

Raciocínio pronto, habilitado a agir com desenvoltura na Terra, pode constituir patrimônio valioso; entretanto, se lhe falta coração para sentir os problemas, conduzi-los e resolvê-los, no bem comum, é suscetível de converter-se facilmente em máquina de calcular.

Não nos detenhamos na piedade teórica.

Busquemos o amor fraterno, espontâneo, ardente e puro.

A caridade celeste não somente espalha benefícios. Irradia também a divina luz.

100
Rendamos graças

Em tudo dai graças, porque esta é a vontade de Deus em Cristo Jesus para convosco.
Paulo (*I Tessalonicenses*, 5:18.)

A pedra segura.
O espinho previne.
O fel remedeia.
O fogo refunde.
O lixo fertiliza.
O temporal purifica a atmosfera.
O sofrimento redime.
A enfermidade adverte.
O sacrifício enriquece a vida.
A morte renova sempre.
Aprendamos, assim, a louvar o Senhor pelas bênçãos que nos confere.
Bom é o calor que modifica, bom é o frio que conserva.
A alegria que estimula é irmã da dor que aperfeiçoa.

Roguemos à Providência Celeste suficiente luz para que nossos olhos identifiquem o celeiro da graça em que nos encontramos.

É a cegueira íntima que nos faz tropeçar em obstáculos, onde só existe o favor divino.

E, sobretudo, ao enunciar um desejo nobre, preparemo-nos a recolher as lições que nos cabe aproveitar, a fim de realizá-lo segundo os propósitos superiores que nos regem os destinos.

Não nos espantem dificuldades ou imprevistos dolorosos.

Nem sempre o Socorro de Cima surge em forma de manjar celeste.

Comumente, aparece na feição de recurso menos desejável. Lembremo-nos, porém, de que o homem sob o perigo de afogamento, nas águas profundas que cobrem o abismo, por vezes só consegue ser salvo ao preço de rudes golpes.

Rendamos graças, pois, por todas as experiências do caminho evolutivo, na santificante procura da Vontade Divina, em Jesus Cristo, Nosso Senhor.

101
Resiste à tentação

Bem-aventurado o homem que sofre a tentação.
(*Tiago*, 1:12.)

Enquanto nosso barco espiritual navega nas águas da inferioridade, não podemos aguardar isenção de ásperos conflitos interiores. Mormente na esfera carnal, toda vez que empreendemos a melhoria da alma, utilizando os trabalhos e obstáculos do mundo, devemos esperar a multiplicação das dificuldades que se nos deparam, em pleno caminho do conhecimento iluminativo.

Contra o nosso anseio de claridade, temos milênios de sombra. Antepondo-se-nos à mais humilde aspiração de crescer no bem, vigoram os séculos em que nos comprazíamos no mal.

É por isso que, de permeio com as bênçãos do Alto, sobram na senda dos discípulos as tentações de todos os matizes.

Por vezes, o aprendiz acredita-se preparado a vencer os dragões da animalidade que lhe rondam as portas; todavia, quando menos espera, eis que as sugestões degradantes o espreitam de novo, compelindo-o a porfiada batalha.

Claro, portanto, que nem mesmo a sepultura nos exonera dos atritos com as trevas, cujas raízes se nos alastram na própria organização espiritual. Só a morte da imperfeição em nós livrar-nos-á delas.

Haja, pois, tolerância construtiva em derredor da caminhada humana, porque as insinuações malignas nos cercarão em toda parte, enquanto nos demoramos na realização parcial do bem.

Somente alcançaremos libertação quando atingirmos plena luz.

Entendendo a transcendência do assunto, o apóstolo proclama bem-aventurado aquele "que sofre a tentação". Impossível, por agora, qualquer referência ao triunfo absoluto, porque vivemos ainda muito distantes da condição angélica; entretanto, bem-aventurados seremos se bem sofrermos esse gênero de lutas, controlando os impulsos do sentimento menos aprimorado e aperfeiçoando-o, pouco a pouco, à custa do esforço próprio, a fim de que não nos entreguemos inermes às sugestões inferiores que procuram converter-nos em vivos instrumentos do mal.

102
Nós e César

E Jesus, respondendo, disse-lhes: – Dai, pois, a César o que é de César, e a Deus o que é de Deus.
(*Marcos*, 12:17.)

Em todo lugar do mundo, o homem encontrará sempre, de acordo com os seus próprios merecimentos, a figura de César, simbolizada no governo estatal.

Maus homens, sem dúvida, produzirão maus estadistas.

Coletividades ociosas e indiferentes receberão administrações desorganizadas.

De qualquer modo, a influência de César cercará a criatura, reclamando-lhe a execução dos compromissos materiais.

É imprescindível dar-lhe o que lhe pertence.

O aprendiz do Evangelho não deve invocar princípios religiosos ou idealismo individual para eximir-se dessas obrigações.

Se há erros nas leis, lembremos a extensão de nossos débitos para com a Providência Divina e colaboremos com a governança humana, oferecendo-lhe o nosso concurso em trabalho e boa vontade, conscientes de que desatenção ou revolta não nos resolvem os problemas.

Preferível é que o discípulo se sacrifique e sofra a demorar-se em atraso, ante as leis respeitáveis que o regem, transitoriamente, no plano físico, seja por indisciplina diante dos princípios estabelecidos ou por doentio entusiasmo que o tente a avançar demasiadamente na sua época.

Há decretos iníquos?

Recorda se já cooperaste com aqueles que te governam a paisagem material.

Vive em harmonia com os teus superiores e não te esqueças de que a melhor posição é a do equilíbrio.

Se pretendes viver retamente, não dês a César o vinagre da crítica acerba. Ajuda-o com o teu trabalho eficiente, no sadio desejo de acertar, convicto de que ele e nós somos filhos do mesmo Deus.

103
Cruz e disciplina

E constrangeram um certo Simão, Cireneu, pai de Alexandre e de Rufo, que por ali passava, vindo do campo, a que levasse a cruz. (*Marcos*, 15:21.)

Muitos estudiosos do Cristianismo combatem as recordações da cruz, alegando que as reminiscências do Calvário constituem indébita cultura de sofrimento.

Asseveram negativa a lembrança do Mestre, nas horas da crucificação, entre malfeitores vulgares.

Somos, porém, daqueles que preferem encarar todos os dias do Cristo por gloriosas jornadas e todos os seus minutos por divinas parcelas de seu ministério sagrado, ante as necessidades da alma humana.

Cada hora da presença d'Ele, entre as criaturas, reveste-se de beleza particular, e o instante do madeiro afrontoso está repleto de majestade simbólica.

Vários discípulos tecem comentários extensos em derredor da cruz do Senhor e costumam examinar com particularidades teóricas os madeiros imaginários que trazem consigo.

Entretanto, somente haverá tomado a cruz de redenção que lhe compete aquele que já alcançou o poder de negar a si mesmo, de modo a seguir nos passos do Divino Mestre.

Muita gente confunde disciplina com iluminação espiritual. Apenas depois de havermos concordado com o jugo suave de Jesus Cristo, podemos alçar aos ombros a cruz que nos dotará de asas espirituais para a vida eterna.

Contra os argumentos, quase sempre ociosos, dos que ainda não compreenderam a sublimidade da cruz, vejamos o exemplo do Cireneu, nos momentos culminantes do Salvador. A cruz do Cristo foi a mais bela do mundo; no entanto, o homem que o ajuda não o faz por vontade própria, e sim atendendo a requisição irresistível. E, ainda hoje, a maioria dos homens aceita as obrigações inerentes ao próprio dever, porque a isso é constrangida.

104
Direito sagrado

Porque a vós foi concedido, em relação ao Cristo, não somente crer nele, como também padecer por ele.
Paulo (*Filipenses*, 1:29.)

Cooperar pessoalmente com os administradores humanos, em sentido direto, sempre constitui objeto da ambição dos servidores dessa ou daquela organização terrestre.

Ato invariável de confiança, a partilha da responsabilidade, entre o superior que sabe determinar e fazer justiça e o subordinado que sabe servir, institui a base de harmonia para a ação diária, realização essa que todas as instituições procuram atingir.

Muitos discípulos do Cristianismo parecem ignorar que, em relação a Jesus, a reciprocidade é a mesma, elevada ao grau máximo, no terreno da fidelidade e da compreensão.

Mais entendimento do programa divino significa maior expressão de testemunho individual nos serviços do Mestre.

Competência dilatada – deveres crescidos.
Mais luz – mais visão.

Muitos homens, naturalmente aproveitáveis em certas características intelectuais, mas ainda enfermos da mente, desejariam aceitar o Salvador e crer n'Ele, mas não conseguem, de pronto, semelhante edificação íntima. Em vista da ignorância que não removem e dos caprichos que acariciam, falta-lhes a integração no direito de sentir as verdades de Jesus, o que somente conseguirão quando se reajustem, o que se faz indispensável.

Todavia, o discípulo admitido aos benefícios da crença foi considerado digno de conviver espiritualmente com o Mestre. Entre ele e o Senhor já existe a partilha da confiança e da responsabilidade. Contudo, enquanto perseveram as alegrias de Belém e as glórias de Cafarnaum, o trabalho da fé se desdobra maravilhoso, mas, em sobrevindo a divisão das angústias da cruz, muitos aprendizes fogem receando o sofrimento e revelando-se indignos da escolha. Os que assim procedem categorizam-se à conta de loucos, porquanto subtrair-se à colaboração com o Cristo é menosprezar um direito sagrado.

105
Observação primordial

E Jesus respondeu-lhe: o primeiro de todos os mandamentos é: Ouve, ó Israel, o Senhor, nosso Deus, o Senhor é um só.
(*Marcos*, 12:29.)

Replicando ao escriba que o interpelou, com relação ao primeiro de todos os mandamentos, Jesus precede o artigo inicial do Decálogo de observação original que merece destacada.

Antes de todos os programas de Moisés, das revelações dos Profetas e de suas próprias bênçãos redentoras no Evangelho, o Mestre coloca uma declaração enérgica de princípios, conclamando todos os espíritos ao plano da unidade substancial. Alicerçando o serviço salvador que Ele mesmo trazia das esferas mais altas, proclama o Cristo à Humanidade que só existe um Senhor Todo-Poderoso – o Pai de Infinita Misericórdia.

Sabia, de antemão, que muitos homens não aceitariam a verdade, que almas numerosas buscariam escapar às obrigações justas, que surgiriam retardamento, má vontade, indiferença e preguiça, em torno da Boa-Nova; no entanto, sustentou a unidade divina, a fim de que todos os aprendizes se convencessem de que lhes seria possível envenenar a liberdade própria, criar deuses fictícios, erguer discórdias, trair provisoriamente a Lei, estacionar nos caminhos, ensaiar a guerra e a destruição; contudo, jamais poderiam enganar o plano das verdades eternas, ao qual todos se ajustarão, um dia, na perfeita compreensão de que "o Senhor, nosso Deus, o Senhor é um só".

106
Há muita diferença

*E disse Pedro: não tenho prata nem ouro,
mas o que tenho, isso te dou.*
(*Atos*, 3:6.)

É justo recomendar muito cuidado aos que se interessam pelas vantagens da política humana, reportando-se a Jesus e tentando explicar, pelo Evangelho, certos absurdos em matéria de teorias sociais.

Quase sempre, a lei humana se dirige ao governado, nesta fórmula: – "O que tens me pertence".

O Cristianismo, porém, pela boca inspirada de Pedro, assevera aos ouvidos do próximo: – "O que tenho, isso te dou".

Já meditaste na grandeza do mundo, quando os homens estiverem resolvidos a dar do que possuem para o edifício da evolução universal?

Nos serviços da caridade comum, nas instituições de benemerência pública, raramente a criatura cede ao semelhante aquilo que lhe constitui propriedade intrínseca.

Para o serviço real do bem eterno, fiar-se-á alguém nas posses perecíveis da Terra, em caráter absoluto?

O homem generoso distribuirá dinheiro e utilidades com os necessitados do seu caminho; entretanto, não fixará em si mesmo a luz e a alegria que nascem dessas dádivas, se as não realizou com o sentimento do amor, que, no fundo, é a sua riqueza imperecível e legítima.

Cada individualidade traz consigo as qualidades nobres que já conquistou e com que pode avançar sempre, no terreno das aquisições espirituais de ordem superior.

Não olvides a palavra amorosa de Pedro e dá de ti mesmo, no esforço de salvação, porquanto quem espera pelo ouro ou pela prata, a fim de contribuir nas boas obras, em verdade ainda se encontra distante da possibilidade de ajudar a si próprio.

107
Piedade

Mas é grande ganho a piedade com contentamento.
Paulo (*I Timóteo*, 6:6.)

Fala-se muito em piedade na Terra; todavia, quando assinalamos referências a semelhante virtude, dificilmente discernimos entre compaixão e humilhação.

— Ajudo, mas este homem é um viciado.

— Atenderei, entretanto, essa mulher é ignorante e má.

— Penalizo-me, contudo, esse irmão é ingrato e cruel.

— Compadeço-me, todavia, trata-se de pessoa imprestável.

Tais afirmativas são reiteradas a cada passo por lábios que se afirmam cristãos.

Realmente, de maneira geral, só encontramos na Terra essa compaixão de voz macia e mãos espinhosas.

Deita mel e veneno.

Balsamiza feridas e dilacera-as.

Estende os braços e cobra dívidas de reconhecimento.

Socorre e espanca.

Ampara e desestimula.

Oferece boas palavras e lança reptos hostis.

Sacia a fome dos viajores da experiência com pães recheados de fel.

A verdadeira piedade, no entanto, é filha legítima do amor.

Não perde tempo na identificação do mal.

Interessa-se excessivamente no bem para descurar-se dele em troca de ninharias e sabe que o minuto é precioso na economia da vida.

O Evangelho não nos fala dessa piedade mentirosa, cheia de ilusões e exigências. Quem revela energia suficiente para abraçar a vida cristã encontra recursos de auxiliar alegremente. Não se prende às teias da crítica destrutiva e sabe semear o bem, fortificar-lhe os germens, cultivar-lhe os rebentos e esperar-lhe a frutificação.

Diz-nos Paulo que a "piedade com contentamento" é "grande ganho" para a alma e, em verdade, não sabemos de outra que nos possa trazer prosperidade ao coração.

108
Oração

Perseverai em oração, velando nela com ação de graças.
PAULO (*Colossenses*, 4:2.)

Muitos crentes estimariam movimentar a prece, qual se mobiliza uma vassoura ou um martelo.

Exigem resultados imediatos, por desconhecerem qualquer esforço preparatório. Outros perseveram na oração, mantendo-se, todavia, angustiados e espantadiços. Desgastam-se e consomem valiosas energias nas aflições injustificáveis. Enxergam somente a maldade e a treva e nunca se dignam examinar o tenro broto da semente divina ou a possibilidade próxima ou remota do bem. Encarceram-se no "lado mau" e perdem, por vezes, uma existência inteira, sem qualquer propósito de se transferirem para o "lado bom".

Que probabilidade de êxito se reservará ao necessitado que formula uma solicitação em gritaria, com evidentes sintomas de desequilíbrio? O concessionário sensato, de início, adiará a solução, aguardando, prudente, que a serenidade volte ao pedinte.

A palavra de Paulo é clara nesse sentido.

É indispensável persistir na oração, velando nesse trabalho com ação de graças. E forçoso é reconhecer que louvar não é apenas pronunciar votos brilhantes. É também alegrar-se em pleno combate pela vitória do bem, agradecendo ao Senhor os motivos de sacrifício e sofrimento, buscando as vantagens que a adversidade e o trabalho nos trouxeram ao espírito.

Peçamos a Jesus o dom da paz e da alegria, mas não nos esqueçamos de glorificar-lhe os sublimes desígnios toda vez que a sua vontade misericordiosa e justa entra em choque com os nossos propósitos inferiores. E estejamos convencidos de que oração intempestiva, constituída de pensamentos desesperados e descabidas exigências, destina-se ao chão renovador qual acontece à flor improdutiva que o vento leva.

109
Três imperativos

E eu vos digo a vós: pedi, e dar-se-vos-á; buscai, e achareis; batei, e abrir-se-vos-á.
Jesus (*Lucas*, 11:9.)

Pedi, buscai, batei...

Estes três imperativos da recomendação de Jesus não foram enunciados sem um sentido especial.

No emaranhado de lutas e débitos da experiência terrestre, é imprescindível que o homem aprenda a pedir caminhos de libertação da antiga cadeia de convenções sufocantes, preconceitos estéreis, dedicações vazias e hábitos cristalizados. É necessário desejar com força e decisão a saída do escuro cipoal em que a maioria das criaturas perdeu a visão dos interesses eternos.

Logo após, é imprescindível buscar.

A procura constitui-se de esforço seletivo. O campo jaz repleto de solicitações inferiores, algumas delas recamadas de sugestões brilhantes. É indispensável localizar a ação digna e santificadora. Muitos perseguem miragens perigosas, à maneira das mariposas que se apaixonam pela claridade de um incêndio. Chegam de longe, acercam-se das chamas e consomem a bênção do corpo.

É imperativo aprender a buscar o bem legítimo.

Estabelecido o roteiro edificante, é chegado o momento de bater à porta da edificação; sem o martelo do esforço metódico e sem o buril da boa vontade, é muito difícil transformar os recursos da vida carnal em obras luminosas de arte divina, com vistas à felicidade espiritual e ao amor eterno.

Não bastará, portanto, rogar sem rumo, procurar sem exame e agir sem objetivo elevado.

Peçamos ao Senhor nossa libertação da animalidade primitivista, busquemos a espiritualidade sublime e trabalhemos por nossa localização dentro dela, a fim de converter-nos em fiéis instrumentos da Divina Vontade.

Pedi, buscai, batei!... Esta trilogia de Jesus reveste-se de especial significação para os aprendizes do Evangelho, em todos os tempos.

110
Magnetismo pessoal

E toda a multidão procurava tocar-lhe, porque saía dele uma virtude que os curava a todos.
(*Lucas*, 6:19.)

Na atualidade, observamos toda uma plêiade de espiritualistas eminentes, espalhando conceitos relativos ao magnetismo pessoal, com tamanha estranheza, qual se estivéssemos perante verdadeira novidade do século XIX.

Tal serviço de investigação e divulgação dos poderes ocultos do homem representa valioso concurso na obra educativa do presente e do futuro; no entanto, é preciso lembrar que a edificação não é nova.

Jesus, em sua passagem pelo planeta, foi a sublimação individualizada do magnetismo pessoal, em sua expressão substancialmente divina. As criaturas disputavam-lhe o encanto da presença, as multidões seguiam-lhe os passos, tocadas de singular admiração. Quase toda gente buscava tocar-lhe a vestidura. D'Ele emanavam irradiações de amor que neutralizavam moléstias recalcitrantes. Produzia o Mestre, espontaneamente, o clima de paz que alcançava quantos lhe gozavam a companhia.

Se pretendes, pois, um caminho mais fácil para a eclosão plena de tuas potencialidades psíquicas, é razoável aproveites a experiência que os orientadores terrestres te oferecem, nesse sentido, mas não te esqueças dos exemplos e das vivas demonstrações de Jesus.

Se intentas atrair, é imprescindível saber amar. Se desejas influência legítima na Terra, santifica-te pela influência do Céu.

111
Granjeai amigos

Também vos digo: granjeai amigos com as riquezas da injustiça.
JESUS (*Lucas*, 16:9.)

Se o homem conseguisse, desde a experiência humana, devassar o pretérito profundo, chegaria mais rapidamente à conclusão de que todas as possibilidades que o felicitam, em conhecimento e saúde, provêm da Bondade Divina e de que a maioria dos recursos materiais, à disposição de seus caprichos, procede da injustiça.

Não nos cabe particularizar, e, sim, deduzir que as concepções do direito humano se originaram da Influência Divina, porque, quanto a nós outros, somos compelidos a reconhecer nossa vagarosa evolução individual do egoísmo feroz para o amor universalista, da iniquidade para a justiça real.

Bastará recordar, nesse sentido, que quase todos os Estados terrestres se levantaram, há séculos, sobre conquistas cruéis. Com exceções, os homens têm sido servos dissipadores que, no momento do ajuste, não se mostram à altura da mordomia.

Eis por que Jesus nos legou a Parábola do Empregado Infiel, convidando-nos à fraternidade sincera para que, através dela, encontremos o caminho da reabilitação.

O Mestre aconselhou-nos a granjear amigos, isto é, a dilatar o círculo de simpatias em que nos sintamos cada vez mais intensivamente amparados pelo espírito de cooperação e pelos valores intercessórios.

Se o nosso passado espiritual é sombrio e doloroso, busquemos simplificá-lo, adquirindo dedicações verdadeiras, que nos auxiliem através da subida áspera da redenção. Se não temos hoje determinadas ligações com as riquezas da injustiça, tivemo-las, ontem, e faz-se imprescindível aproveitar o tempo para o nosso reajustamento individual perante a Justiça Divina.

112
Tabernáculos eternos

Também vos digo: granjeai amigos com as riquezas da injustiça, para que, quando estas vos faltarem, vos recebam eles nos tabernáculos eternos.
JESUS (*Lucas*, 16:9.)

Um homem despercebido das obrigações espirituais julgará encontrar nesta passagem um ladrão inteligente comprando o favor de advogados venais, de modo a reintegrar-se nos títulos honrosos da convenção humana. Todavia, quando Jesus fala em amigos, refere-se a irmãos sinceros e devotados, e, quando menciona as riquezas da injustiça, inclui o passado total da criatura, com todas as lições dolorosas que o caracterizam. Assim também, quando se reporta aos tabernáculos eternos, não os localiza em paços celestiais.

O Mestre situou o tabernáculo sagrado no coração do homem.

Mais que ninguém, o Salvador identificava-nos as imperfeições e, evidenciando imensa piedade, ante as deficiências que nos assinalam o espírito, proferiu as divinas palavras que nos servem ao estudo.

Conhecendo-nos os desvios, asseverou, em síntese, que devemos aproveitar os bens transitórios, ao alcance de nossas mãos, mobilizando-os na fraternidade legítima para que, esquecendo os crimes e ódios de outro tempo, nos façamos irmãos abnegados uns dos outros.

Valorizemos, desse modo, a nossa permanência nos serviços da Terra, na condição de encarnados ou desencarnados, favorecendo, por todos os recursos ao nosso dispor, a própria melhoria e a elevação dos nossos semelhantes, agindo na direção da luz e amando sempre, porquanto, dentro dessas normas de solidariedade sublime, poderemos contar com a dedicação de amigos fiéis que, na qualidade de discípulos mais dedicados e enobrecidos que nós, nos auxiliarão efetivamente, acolhendo-nos em seus corações, convertidos em tabernáculos do Senhor, ajudando-nos não só a obter novas oportunidades de reajustamento e santificação, mas também endossando perante Jesus as nossas promessas e aspirações, diante da vida superior.

113
Tua fé

E ele lhe disse: tem bom ânimo, filha,
a tua fé te salvou; vai em paz.
(*Lucas*, 8:48.)

    É importante observar que o Divino Mestre, após o benefício dispensado, sempre se reporta ao prodígio da fé, patrimônio sublime daqueles que o procuram.

    Diversas vezes, ouvimo-lo na expressiva afirmação: "A tua fé te salvou". Doentes do corpo e da alma, depois do alívio ou da cura, escutam a frase generosa. É que a vontade e a confiança do homem são poderosos fatores no desenvolvimento e iluminação da vida.

    O navegante sem rumo e que em nada confia somente poderá atingir algum porto em virtude do jogo das forças sobre as quais se equilibra, desconhecendo, porém, de maneira absoluta, o que lhe possa ocorrer.

    O enfermo, descrente da ação de todos os remédios, é o primeiro a trabalhar contra a própria segurança. O homem que se mostra desalentado em todas as coisas não deverá aguardar a cooperação útil de coisa alguma.

As almas vazias embalde reclamam o quinhão de felicidade que o mundo lhes deve. As negações, em que perambulam, transformam-nas, perante a vida, em zonas de amortecimento, quais isoladores em eletricidade. Passa a corrente vitalizante, mas permanecem insensíveis.

Nos empreendimentos e necessidades de teu caminho, não te isoles nas posições negativas. Jesus pode tudo, teus amigos verdadeiros farão o possível por ti; contudo, nem o Mestre nem os companheiros realizarão em sentido integral a felicidade que ambicionas, sem o concurso de tua fé, porque também tu és filho do mesmo Deus, com as mesmas possibilidades de elevação.

114
Novos atenienses

Mas quando ouviram falar da ressurreição dos mortos, uns escarneciam e outros diziam: acerca disso te ouviremos outra vez.
(Atos, 17:32.)

O contato de Paulo com os atenienses, no areópago, apresenta lição interessante aos discípulos novos. Enquanto o apóstolo comentava as suas impressões da cidade célebre, aguçando talvez a vaidade dos circunstantes, pelas referências aos santuários e pelo jogo sutil dos raciocínios, foi atentamente ouvido. É possível que a assembleia o aclamasse com fervor, se sua palavra se detivesse no quadro filosófico das primeiras exposições. Atenas reverenciá-lo-ia, então, por sábio, apresentando-o, ao mundo, na moldura especial de seus nomes inesquecíveis.

Paulo, todavia, refere-se à ressurreição dos mortos, deixando entrever a gloriosa continuação da vida, além das ninharias terrestres. Desde esse instante, os ouvintes sentiram-se menos bem e chegaram a escarnecer-lhe a palavra amorosa e sincera, deixando-o quase só.

O ensinamento enquadra-se perfeitamente nos dias que correm. Numerosos trabalhadores do Cristo, nos diversos setores da cultura moderna, são atenciosamente ouvidos e respeitados por autoridades nos assuntos em que se especializaram; contudo, ao declararem sua crença na vida além do corpo, em afirmando a lei de responsabilidade, para lá do sepulcro, recebem, de imediato, o riso escarninho dos admiradores de minutos antes, que os deixam sozinhos, proporcionando-lhes a impressão de verdadeiro deserto.

115
A porta

*Tornou, pois, Jesus a dizer-lhes: em verdade
vos digo que eu sou a porta das ovelhas.*
(*João*, 10:7.)

Não basta alcançar as qualidades da ovelha, quanto à mansidão e ternura, para atingir o Reino Divino.

É necessário que a ovelha reconheça a porta da redenção, com o discernimento imprescindível, e lhe guarde o rumo, despreocupando-se dos apelos de ordem inferior, a eclodirem das margens do caminho.

Daí concluirmos que a cordura, para ser vitoriosa, não dispensa a cautela na orientação a seguir.

Nem sempre a perda do rebanho decorre do ataque de feras, mas sim porque as ovelhas improvidentes transpõem barreiras naturais, surdas à voz do pastor, ou cegas quanto às saídas justas, em demanda das pastagens que lhes competem. Quantas são acometidas, de inesperado, pelo lobo terrível, porque, fascinadas pela verdura de pastos vizinhos, se desviam da estrada que lhes é própria, quebrando obstáculos para atender a destrutivos impulsos?

Assim acontece com os homens no curso da experiência.

Quantos espíritos nobres hão perdido oportunidades preciosas pela própria imprudência? Senhores de admiráveis patrimônios, revelam-se, por vezes, arbitrários e caprichosos. Na maioria das situações, copiam a ovelha virtuosa e útil que, após a conquista de vários títulos enobrecedores, esquece a porta a ser atingida e quebra as disciplinas benéficas e necessárias, para entregar-se ao lobo devorador.

116
Ouçam-nos

Disse-lhe Abraão: eles têm Moisés e os profetas; ouçam-nos.
(Lucas, 16:29.)

A resposta de Abraão ao rico da parábola ainda é ensinamento de todos os dias, no caminho comum.

Inúmeras pessoas se aproximam das fontes de revelação espiritual; entretanto, não conseguem a libertação dos laços egoísticos de modo que vejam e ouçam, qual lhes convém aos interesses essenciais.

Há precisamente um século, estabeleceu-se intercâmbio mais intenso entre os dois planos, na grande movimentação do Cristianismo Redivivo; contudo, há aprendizes que contemplam o céu, angustiados tão só porque nunca receberam a mensagem direta de um pai ou de um filho na experiência humana. Alguns chegam ao disparate de se desviarem da senda alegando tais motivos. Para esses, o fenômeno e a revelação no Espiritismo evangélico são simples conjunto de inverdades, porque nada obtiveram de *parentes mortos*, em consecutivos anos de observação.

Isso, porém, não passa de contrassenso.

Quem poderá garantir a perpetuidade dos elos frágeis das ligações terrestres?

O impulso animal tem limites.

Ninguém justifique a própria cegueira com a insatisfação do capricho pessoal.

O mundo está repleto de mensagens e emissários, há milênios. O grande problema, no entanto, não está em requisitar-se a verdade para atender ao círculo exclusivista de cada criatura, mas na deliberação de cada homem, quanto a caminhar com o próprio valor, na direção das realidades eternas.

117
Em família

Aprendam primeiro a exercer piedade para com a sua própria família e a recompensar seus pais, porque isto é bom e agradável diante de Deus.
PAULO (*I Timóteo*, 5:4.)

A luta em família é problema fundamental da redenção do homem na Terra. Como seremos benfeitores de cem ou mil pessoas, se ainda não aprendemos a servir cinco ou dez criaturas? Esta é indagação lógica que se estende a todos os discípulos sinceros do Cristianismo.

Bom pregador e mau servidor são dois títulos que se não coadunam.

O apóstolo aconselha o exercício da piedade no centro das atividades domésticas; entretanto, não alude à piedade que chora sem coragem ante os enigmas aflitivos, mas àquela que conhece as zonas nevrálgicas da casa e se esforça por eliminá-las, aguardando a decisão divina a seu tempo.

Conhecemos numerosos irmãos que se sentem sozinhos, espiritualmente, entre os que se lhes agregaram ao círculo pessoal, através dos laços consanguíneos, entregando-se, por isso, a lamentável desânimo.

É imprescindível, contudo, examinar a transitoriedade das ligações corpóreas, ponderando que não existem uniões casuais no lar terreno. Preponderam aí, por enquanto, as provas salvadoras ou regenerativas. Ninguém despreze, portanto, esse campo sagrado de serviço por mais se sinta acabrunhado na incompreensão. Constituiria falta grave esquecer-lhe as infinitas possibilidades de trabalho iluminativo.

É impossível auxiliar o mundo, quando ainda não conseguimos ser úteis nem mesmo a uma casa pequena – aquela em que a Vontade do Pai nos situou, a título precário.

Antes da grande projeção pessoal na obra coletiva, aprenda o discípulo a cooperar em favor dos familiares, no dia de hoje, convicto de que semelhante esforço representa realização essencial.

118
É para isto

Não retribuindo mal por mal, nem injúria por injúria; antes, pelo contrário, bendizendo; sabendo que para isto fostes chamados.
(I Pedro, 3:9.)

A fileira dos que reclamam foi sempre numerosa em todas as tarefas do bem.

No apostolado evangélico, reparamos, igualmente, essa regra geral.

Muitos aprendizes, em obediência ao pernicioso hábito, preferem o caminho dos atritos ou das dissidências escandalosas. No entanto, mais algum raciocínio despertaria a comunidade dos discípulos para a maior compreensão.

Convidar-nos-ia Jesus a conflitos estéreis, tão só para repetir os quadros do capricho individual ou da força tiranizante? Se assim fora, o ministério do Reino estaria confiado aos teimosos, aos discutidores, aos gigantes da energia física.

É contrassenso desfazer-se o servidor da Boa-Nova em lamentações que não encontram razão de ser.

Amarguras, perseguições, calúnias, brutalidade, desentendimento? São velhas figurações que atormentam as almas na Terra. A fim de contribuir na extinção delas é que o Senhor nos chamou às suas fileiras. Não as alimentes, emprestando-lhes excessivo apreço.

O cristão é um ponto vivo de resistência ao mal, onde se encontre.

Pensa nisto e busca entender a significação do verbo suportar.

Não olvides a obrigação de servir com Jesus.

É para isto que fomos chamados.

119
Ajuda sempre

Mas Paulo respondeu: que fazeis vós, chorando e magoando-me o coração?
(*Atos*, 21:13.)

Constitui passagem das mais dramáticas nos *Atos dos apóstolos* aquela em que Paulo de Tarso se prepara à frente dos testemunhos que o aguardavam em Jerusalém.

Na alma heroica do lutador não paira qualquer sombra de hesitação. Seu espírito, como sempre, está pronto. Mas os companheiros choram e se lastimam; e, do coração sensível e valoroso do batalhador do Evangelho, flui a indagação dolorosa.

Não obstante a energia serena que lhe domina a organização vigorosa, Paulo sentia falta de amigos tão corajosos quanto ele mesmo.

Os companheiros que o seguiam estavam sinceramente dispostos ao sacrifício; entretanto, não sabiam manifestar os sentimentos da alma fiel. É que o pranto ou a lamentação jamais ajudam nos instantes de testemunho difícil. Quem chora, ao lado de um amigo em posição perigosa, desorganiza-lhe a resistência.

Jesus chorou no Horto, quando sozinho, mas, em Jerusalém, sob o peso da cruz, roga às mulheres generosas que o amparavam a cessação das lágrimas angustiosas. Na alvorada da Ressurreição, pede a Madalena esclareça o motivo de seu pranto, junto ao sepulcro.

A lição é significativa para todo aprendiz.

Se um ente amado permanece mais tempo sob a tempestade necessária, não te entregues a desesperos inúteis. A queixa não soluciona problemas. Ao invés de magoá-lo com soluços, aproxima-te dele e estende-lhe as mãos.

120
Conciliação

Concilia-te depressa com o teu adversário, enquanto estás no caminho com ele, para que não aconteça que o adversário te entregue ao juiz, e o juiz te entregue ao oficial de justiça, e te encerrem na prisão.
Jesus (*Mateus*, 5:25.)

Muitas almas enobrecidas, após receberem a exortação desta passagem, sofrem intimamente por esbarrarem com a dureza do adversário de ontem, inacessível a qualquer conciliação.

A advertência do Mestre, no entanto, é fundamentalmente consoladora para a consciência individual.

Assevera a palavra do Senhor – "concilia-te", o que equivale a dizer "faze de tua parte".

Corrige quanto for possível, relativamente aos erros do passado, movimenta-te no sentido de revelar a boa vontade perseverante. Insiste na bondade e na compreensão.

Se o adversário é ignorante, medita na época em que também desconhecias as obrigações primordiais e observa se não agiste com piores características; se é perverso, categoriza-o à conta de doente e dementado em vias de cura.

Faze o bem que puderes, enquanto palmilhas os mesmos caminhos, porque se for o inimigo tão implacável que te busque entregar ao juiz, de qualquer modo, terás então igualmente provas e testemunhos a apresentar. Um julgamento legítimo inclui todas as peças, e somente os espíritos francamente impenetráveis ao bem sofrerão o rigor da extrema justiça.

Trabalha, pois, quanto seja possível no capítulo da harmonização, mas se o adversário te desdenha os bons desejos, concilia-te com a própria consciência e espera confiante.

121
Monturo

Nem presta para a terra, nem para o monturo; lançam--no fora. Quem tem ouvidos para ouvir, ouça.
Jesus (*Lucas*, 14:35.)

Segundo deduzimos, Jesus emprestou significação ao monturo.

Terra e lixo, nesta passagem, revestem-se de valor essencial. Com a primeira, realizaremos a semeadura; com o segundo, é possível fazer a adubação, onde se faça necessária.

Grande porção de aprendizes, imitando a atitude dos fariseus antigos, foge ao primeiro encontro com as "zonas estercorárias" do próximo; entretanto, tal se verifica porque lhes desconhecem as expressões proveitosas.

O Evangelho está cheio de lições nesse setor do conhecimento iluminativo.

Se José da Galileia ou Maria de Nazaré simbolizam terras de virtudes fartas, o mesmo não sucede aos apóstolos que, a cada passo, necessitam recorrer à fonte das lágrimas que escorrem do monturo de remorsos e fraquezas, propriamente humanos, a fim de fertilizarem o terreno empobrecido de seus corações. De quanto adubo dessa natureza precisaram Madalena e Paulo, por exemplo, até alcançarem a gloriosa posição em que se destacaram?

Transformemos nossas misérias em lições.

Identifiquemos o monturo que a própria ignorância amontoou em torno de nós mesmos, converta-mo-lo em adubo de nossa "terra íntima" e teremos dado razoável solução ao problema de nossos grandes males.

122
Pecado e pecador

Amado, não sigas o mal, mas o bem. Quem faz o bem é de Deus; mas quem faz o mal não tem visto a Deus.
(III João, 11.)

A sociedade humana não deveria operar a divisão de si própria, como sendo um campo em que se separam bons e maus, mas sim viver qual grande família em que se integram os espíritos que começam a compreender o Pai e os que ainda não conseguiram pressenti-lo.

Claro que as palavras "maldade" e "perversidade" ainda comparecerão, por vastíssimos anos, no dicionário terrestre, definindo certas atitudes mentais inferiores; todavia, é forçoso convir que a questão do mal vai obtendo novas interpretações na inteligência humana.

O evangelista apresenta conceito justo. João não nos diz que o perverso está exilado de nosso Pai, nem que se conserva ausente da Criação. Apenas afirma que "não tem visto a Deus".

Isso não significa que devamos cruzar os braços ante as ervas venenosas e zonas pestilenciais do caminho; todavia, obriga-nos a recordar que um lavrador não retira espinheiros e detritos do solo, a fim de convertê-lo em precipícios.

Muita gente acredita que o "homem caído" é alguém que deve ser aniquilado. Jesus, no entanto, não adotou essa diretriz. Dirigindo-se, amorosamente, ao pecador, sabia-se, antes de tudo, defrontado por enfermo infeliz, a quem não se poderia subtrair as características de eternidade.

Lute-se contra o crime, mas ampare-se a criatura que se lhe enredou nas malhas tenebrosas.

O Mestre indicou o combate constante contra o mal; contudo, aguarda a fraternidade legítima entre os homens por marco sublime do Reino Celeste.

123
Condição comum

Imediatamente, o pai do menino, clamando com lágrimas, disse: – Eu creio, Senhor! Ajuda a minha incredulidade.
(*Marcos*, 9:24.)

Aquele homem da multidão, em se aproximando de Jesus com o filho enfermo, constitui expressão representativa do espírito comum da humanidade terrestre.

Os círculos religiosos comentam excessivamente a fé em Deus; todavia, nos instantes da tempestade, são escassos os devotos que permanecem firmes na confiança.

Revelam-se as massas muito atentas aos cerimoniais do culto exterior, participam das edificações alusivas à crença; contudo, ante as dificuldades do escândalo, quase toda gente resvala no despenhadeiro das acusações recíprocas.

Se falha um missionário, verifica-se a debandada. A comunidade dos crentes pousa os olhos nos homens falíveis, cegos às finalidades ou indiferentes às instituições. Em tal movimento de insegurança espiritual, sem paradoxo, as criaturas humanas creem e descreem, confiando hoje e desfalecendo amanhã.

Somos defrontados, ainda, pelo regime de incerteza de espíritos infantis que mal começam a conceber noções de responsabilidade.

Felizes, pois, aqueles que, à maneira do pai necessitado, se acercarem do Cristo, confessando a precariedade da posição íntima. Assim, em afirmando a crença com a boca, pedirão, ao mesmo tempo, ajuda para a sua falta de fé, atestando com lágrimas a própria miserabilidade.

124
Não falta

E, se os deixar ir em jejum para suas casas, desfalecerão no caminho, porque alguns deles vieram de longe.
JESUS (*Marcos*, 8:3.)

A preocupação de Jesus pela multidão necessitada continua viva através do tempo.

Quantas escolas religiosas palpitam no seio das nações, ao influxo do amor providencial do Mestre Divino?

Pode haver homens perversos e desesperados que perseveram na malícia e na negação, mas não se vê coletividade sem o socorro da fé. Os próprios selvagens recebem postos de assistência do Senhor, naturalmente de acordo com a rusticidade de suas interpretações primitivistas. Não falta alimento do Céu às criaturas. Se alguns espíritos se declaram descrentes da Paternidade de Deus, é que se encontram incapazes ou enfermos pelas ruínas interiores a que se entregaram.

Jesus manifesta invariável preocupação em nutrir o espírito dos tutelados, através de mil modos diferentes, desde a taba do indígena às catedrais das grandes metrópoles.

Nesses postos de socorro sublime, o homem aprende, em esforço gradativo, a alimentar-se espiritualmente, até trazer a igreja ao próprio lar, transportando-a do santuário doméstico para o recinto do próprio coração.

Pouca gente medita na Infinita Misericórdia que serve, no mundo, à mesa edificante das ideias religiosas.

Inclina-se o Mestre ao bem de todos os homens. Cheio de abnegação e amor, sabe alimentar, com recursos específicos, o ignorante e o sábio, o indagador e o crente, o revoltado e o infeliz. Mais que ninguém, compreende Jesus que, de outro modo, as criaturas cairiam, exaustas, nos imensos despenhadeiros que marginam a senda evolutiva.

125
Separação

Todavia, digo-vos a verdade: a vós convém que eu vá.
JESUS (*João*, 16:7.)

Semelhante declaração do Mestre ressoa em nossas fibras mais íntimas.

Ninguém sabia amar tanto quanto Ele; contudo, era o primeiro a reconhecer a conveniência da partida, em favor dos companheiros.

Que teria acontecido se Jesus teimasse em permanecer?

Provavelmente, as multidões terrestres teriam acentuado as tendências egoísticas, consolidando-as.

Porque o Divino Amigo havia buscado Lázaro no sepulcro, ninguém mais se resignaria à separação pela morte. Por se haverem limpado alguns leprosos, ninguém aceitaria, de futuro, a cooperação proveitosa das moléstias físicas. O resultado lógico seria a perturbação geral no mecanismo evolutivo.

O Mestre precisava ausentar-se para que o esforço de cada um se fizesse visível no plano divino da obra mundial. De outro modo, seria perpetuar a indolência de uns e o egoísmo de outros.

Sob diferentes aspectos, repete-se, diariamente, a grande hora da família evangélica em nossos agrupamentos afins.

Quantas vezes surgirá a viuvez, a orfandade, o sofrimento da distância, a perplexidade e a dor por elevada conveniência ao bem comum?

Recordai a presente passagem do Evangelho, quando a separação vos faça chorar, porque se a morte do corpo é renovação para quem parte é também vida nova para os que ficam.

126
O espinho

E para que me não exaltasse pelas excelências das revelações, foi-me dado um espinho na carne, mensageiro de Satanás.
Paulo (*II Coríntios*, 12:7.)

Atitude sumamente perigosa louvar o homem a si mesmo, presumindo desconhecer que se encontra em plano de serviço árduo, dentro do qual lhe compete emitir diariamente testemunhos difíceis. É posição mental não somente ameaçadora, quanto falsa, porque lá vem um momento inesperado em que o espinho do coração aparece.

O discípulo prudente alimentará a confiança sem bazófia, revelando-se corajoso sem ser metediço. Reconhece a extensão de suas dívidas para com o Mestre e não encontra glória em si mesmo, por verificar que toda a glória pertence a Ele mesmo, o Senhor.

Não são poucos os homens do mundo, invigilantes e inquietos, que, após receberem o incenso da multidão, passam a curtir as amarguras da soledade;

muitos deles se comprazem nos galarins da fama, qual se estivessem convertidos em ídolos eternos, para chorarem, mais tarde, a sós, com o seu espinho ignorado nos recessos do ser.

Por que assumir posição de mestre infalível, quando não passamos de simples aprendizes?

Não será mais justo servir ao Senhor, na mocidade ou na velhice, na abundância ou na escassez, na administração ou na subalternidade, com o espírito de ponderação, observando os nossos pontos vulneráveis, na insuficiência e imperfeição do que temos sido até agora?

Lembremo-nos de que Paulo de Tarso esteve com Jesus pessoalmente; foi indicado para o serviço divino em Antioquia pelas próprias vozes do Céu; lutou, trabalhou e sofreu pelo Evangelho do Reino e, escrevendo aos coríntios, já envelhecido e cansado, ainda se referiu ao espinho que lhe foi dado para que se não exaltasse no sublime trabalho das revelações.

127
Lei de retorno

E os que fizeram o bem sairão para a ressurreição da vida; e os que fizeram o mal, para a ressurreição da condenação.
Jesus (*João*, 5:29.)

Em raras passagens do Evangelho, a lei reencarnacionista permanece tão clara quanto aqui, em que o ensino do Mestre se reporta à ressurreição da condenação.

Como entenderiam estas palavras os teólogos interessados na existência de um inferno ardente e imperecível?

As criaturas dedicadas ao bem encontrarão a fonte da vida em se banhando nas águas da morte corporal. Suas realizações do porvir seguem na ascensão justa, em correspondência direta com o esforço perseverante que desenvolveram no rumo da espiritualidade santificadora; todavia, os que se comprazem no mal cancelam as próprias possibilidades de ressurreição na luz.

Cumpre-lhes a repetição do curso expiatório.

É a volta à lição ou ao remédio.

Não lhes surge diferente alternativa.

A lei de retorno, pois, está contida amplamente nessa síntese de Jesus.

Ressurreição é ressurgimento. E o sentido de renovação não se compadece com a teoria das penas eternas.

Nas sentenças sumárias e definitivas não há recurso salvador. Através da referência do Mestre, contudo, observamos que a Providência Divina é muito mais rica e magnânima que parece.

Haverá ressurreição para todos, apenas com a diferença de que os bons tê-la-ão em vida nova e os maus em nova condenação, decorrente da criação reprovável deles mesmos.

128
É porque ignoram

E isto vos farão, porque não conhecem o Pai, nem a mim.
JESUS (*João*, 16:3.)

    Dolorosas perplexidades não raro assaltam os discípulos, inspirando-lhes interrogações.
    Por que a desarmonia, em torno do esforço fraterno?
    A jornada do bem encontra barreiras sombrias.
    Tenta-se o estabelecimento da luz, mas a treva penetra as estradas. Formulam-se projetos simples para a caridade que a má-fé procura perturbar ao primeiro impulso de realização.
    Quase sempre, a demonstração destrutiva parte de homens assinalados pela posição de evidência, indicados pela força das circunstâncias para exercer a função de orientadores do pensamento geral. São esses que, na maioria das ocasiões, se arvoram em expositores de imposições e exigências descabidas.
    O aprendiz sincero de Jesus, todavia, não deve perder tempo com interrogações e ansiedades que se não justificam.

O Mestre Divino esclareceu esse grande problema por antecipação.

A ignorância é a fonte comum do desequilíbrio. E se esse ou aquele grupo de criaturas busca impedir as manifestações do bem, é que desconhece, por enquanto, as bênçãos do Céu.

Nada mais que isto.

É necessário, pois, esquecer as sombras que ainda dominam a maior parte dos setores terrestres, vivendo cada discípulo na luz que palpita no serviço do Senhor.

129
Ao partir do pão

E eles lhes contaram o que lhes acontecera no caminho,
e como deles foi conhecido ao partir do pão.
(*Lucas*, 24:35.)

Muito importante o episódio em que o Mestre é reconhecido pelos discípulos que se dirigiam para Emaús, em desesperação.

Jesus seguira-os, qual amigo oculto, fixando-lhes a verdade no coração com as fórmulas verbais, carinhosas e doces.

Grande parte do caminho foi atravessada em companhia daquele homem, amoroso e sábio, que ambos interpretaram por generoso e simpático desconhecido, e, somente ao partir do pão, reconhecem o Mestre muito amado.

Os dois aprendizes não conseguiram a identificação nem pelas palavras, nem pelo gesto afetuoso; contudo, tão logo surgiu o pão materializado, dissiparam todas as dúvidas e creram.

Não será o mesmo que vem ocorrendo no mundo há milênios?

Compactas multidões de candidatos à fé se afastam do serviço divino por não atingirem, depois de certa expectação, as vantagens que aguardavam no imediatismo da luta humana. Sem garantia financeira, sem caprichos satisfeitos, não comungam na crença renovadora, respeitável e fiel.

É necessário combater semelhante miopia da alma.

Louvado seja o Senhor por todas as lições e testemunhos que nos confere, e continuarás muito longe da verdade se o procuras apenas na divisão dos bens fragmentários e perecíveis.

130
Onde estão?

Tomai sobre vós o meu jugo, e aprendei de mim, que sou manso e humilde de coração; e encontrareis descanso para as vossas almas.
JESUS (*Mateus*, 11:29.)

Dirigiu-se Jesus à multidão dos aflitos e desalentados proclamando o divino propósito de aliviá-los.

– "Vinde a mim!" – clamou o Mestre –, "tomai sobre vós o meu jugo, e aprendei comigo, que sou manso e humilde de coração!"

Seu apelo amoroso vibra no mundo, através de todos os séculos do Cristianismo.

Compacta é a turba de desesperados e oprimidos da Terra, não obstante o amorável convite.

É que o Mestre no "Vinde a mim!" espera naturalmente que as almas inquietas e tristes o procurem para a aquisição do ensinamento divino. Mas nem todos os aflitos pretendem renunciar ao objeto de suas desesperações e nem todos os tristes querem fugir à sombra para o encontro com a luz.

A maioria dos desalentados chega a tentar a satisfação de caprichos criminosos com a proteção de Jesus, emitindo rogativas estranhas.

Entretanto, quando os sofredores se dirigirem sinceramente ao Cristo, hão de ouvi-lo, no silêncio do santuário interior, concitando-lhes o espírito a desprezar as disputas reprováveis do campo inferior.

Onde estão os aflitos da Terra que pretendem trocar o cativeiro das próprias paixões pelo jugo suave de Jesus Cristo?

Para esses foram pronunciadas as santas palavras "Vinde a mim!", reservando-lhes o Evangelho poderosa luz para a renovação indispensável.

131
O mundo e a crença

*O Cristo, o Rei de Israel, desça agora da cruz,
para que o vejamos e acreditemos.*
(*Marcos*, 15:32.)

Por isso que são muito raros os homens habilitados à verdadeira compreensão da crença pura em seus valores essenciais, encontramos os que injuriaram o Cristo para confirmá-lo.

A mentalidade milagreira sempre nadou na superfície dos sentidos, sem atingir a zona do espírito eterno, e, se não alcança os fins menos dignos aos quais se dirige, descamba para os desafios mordazes.

E, no caso do Mestre, as observações não partem somente do populacho. Assevera Marcos que os principais dos sacerdotes com os escribas partilhavam dos movimentos insultuosos, como a dizer que intelectualismo não traduz elevação espiritual.

Os manifestantes conservavam-se surdos para a Boa-Nova do Reino, cegos para a contemplação dos benefícios recebidos, insensíveis ao toque do amor que Jesus endereçara aos corações.

Pretendiam apenas um espetáculo.

Descesse o Cristo da Cruz, num passe de mágica, e todos os problemas de crença inferior estariam resolvidos.

O divino interpelado, contudo, não lhes deu outra resposta, além do silêncio, dando-lhes a entender a magnitude de seu gesto inacessível ao propósito infantil dos inquiridores.

Se és discípulo sincero do Evangelho, não te esqueças de que, ainda hoje, a situação não é muito diversa.

Trabalha, ponderadamente, no serviço da fé.

Une-te ao Senhor, dá quanto puderes em nome d'Ele e prossegue servindo na extensão do bem, convicto de que o vasto mundo inferior apenas te pedirá maliciosamente distrações e sinais.

132
Em tudo

Tornando-nos recomendáveis em tudo: na muita paciência, nas aflições, nas necessidades, nas angústias.
PAULO (*II Coríntios*, 6:4.)

A maioria dos aprendizes do Evangelho não encara seriamente o fundo religioso da vida, senão nas atividades do culto exterior. Na concepção de muitos bastará frequentar, assíduos, as assembleias da fé e todos os enigmas da alma estarão decifrados, no capítulo das relações com Deus.

Entretanto, os ensinamentos do Cristo apelam para a renovação e aprimoramento individual em todas as circunstâncias.

Que dizer de um homem, aparentemente contrito nos atos públicos da confissão religiosa a que pertence e mergulhado em palavrões no santuário doméstico? Não são poucos os que se declaram crentes, ao lado da multidão, revelando-se indolentes no trabalho, desesperados na dor, incontinentes na alegria, infiéis nas facilidades e blasfemos nas angústias do coração.

Por que motivo pugnaria Jesus pela formação dos seguidores tão só para ser incensado por eles, durante algumas horas da semana, em genuflexão? Atribuir ao Mestre semelhante propósito seria rebaixar-lhe os sublimes princípios.

É indispensável que os aprendizes se tornem recomendáveis em tudo, revelando a excelência das ideias que os alimentam, tanto em casa, quanto nas igrejas, tanto nos serviços comuns, quanto nas vias públicas.

Certo, ninguém precisará viver exclusivamente de mãos postas ou de olhar fixo no firmamento; todavia, não nos esqueçamos de que a gentileza, a boa vontade, a cooperação e a polidez são aspectos divinos da oração viva no apostolado do Cristo.

133
O grande futuro

Mas agora o meu Reino não é daqui.
Jesus (*João*, 18:36.)

Desde os primórdios do Cristianismo, observamos aprendizes que se retiram deliberadamente do mundo, alegando que o Reino do Senhor não pertence à Terra.

Ajoelham-se, por tempo indeterminado, nas casas de adoração, e acreditam efetuar na fuga a realização da santidade.

Muitos cruzam os braços à frente dos serviços de regeneração e, quando interrogados, expressam revolta pelos quadros chocantes que a experiência terrena lhes oferece, reportando-se ao Cristo, diante de Pilatos, quando o Mestre asseverou que o seu Reino ainda não se instalara nos círculos da luta humana.

No entanto, é justo ponderar que o Cristo não deserdou o planeta. A palavra d'Ele não afiançou a negação absoluta da felicidade celeste para a Terra, mas apenas definiu a paisagem então existente, sem esquecer a esperança no porvir.

O Mestre esclareceu: – "Mas agora o meu Reino não é daqui."

Semelhante afirmativa revela-lhe a confiança.

Jesus, portanto, não pode endossar a falsa atitude dos operários em desalento, tão só porque a sombra se fez mais densa em torno de problemas transitórios ou porque as feridas humanas se fazem, por vezes, mais dolorosas. Tais ocorrências, muita vez, obedecem a pura ilusão visual.

A atividade divina jamais cessa e justamente no quadro da luta benéfica é que o discípulo insculpirá a própria vitória.

Não nos cabe, pois, a deserção pela atitude contemplativa, e, sim, avançar, confiantemente, para o grande futuro.

134
Nutrição espiritual

Bom é que o coração se fortifique com graça e não com manjares, que de nada aproveitaram aos que a eles se entregaram.
Paulo (*Hebreus*, 13:9.)

Há vícios de nutrição da alma, tanto quanto existem na alimentação do corpo.

Muitas pessoas trocam a água pura pelas bebidas excitantes, qual ocorre a muita gente que prefere lidar com a ilusão perniciosa, em se tratando dos problemas espirituais.

O alimento do coração, para ser efetivo na vida eterna, há de basear-se nas realidades simples do caminho evolutivo.

É imprescindível estejamos fortificados com os valores iluminativos, sem atender aos deslumbramentos da fantasia que procede do exterior. E justamente na estrada religiosa é que semelhante esforço exige mais amplo aprimoramento.

O crente, de maneira geral, está sempre sequioso de situações que lhe atendam aos caprichos nocivos, quanto o gastrônomo anseia pelos pratos exóticos; entretanto, da mesma sorte que os prazeres da mesa em nada aproveitam nas atividades essenciais, as sensações empolgantes da zona fenomênica se tornam inúteis ao espírito, quando este não possui recursos interiores suficientes para compreender as finalidades. Inúmeros aprendizes guardam a experiência religiosa, que lhes diz respeito, por questão puramente intelectual. Imperioso, porém, é reconhecer que o alimento da alma para fixar-se, em definitivo, reclama o coração sinceramente interessado nas verdades divinas. Quando um homem se coloca nessa posição íntima, fortifica-se realmente para a sublimação, porque reconhece tanto material de trabalho digno, em torno dos próprios passos, que qualquer sensação transitória, para ele, passa a localizar-se nos últimos degraus do caminho.

135
Renovação necessária

Não extingais o Espírito.
PAULO (*I Tessalonicenses*, 5:19.)

Quando o apóstolo aos gentios escreveu esta exortação, não desejava dizer que o Espírito pode ser destruído, mas procurava renovar a atitude mental de quantos vivem sufocando as tendências superiores.

Não raro, observamos criaturas que agem contra a própria consciência, a fim de não se categorizarem entre os espirituais. Entretanto, as entidades encarnadas permanecem dentro de laborioso aprendizado, para se erguerem do mundo na qualidade de espíritos gloriosos. Esta é a maior finalidade da escola humana.

Os homens, contudo, demoram-se largamente a distância da grande verdade. Habitualmente, preferem o convencionalismo a rigor e, somente a custo, abrem o entendimento às realidades da alma. Os costumes, efetivamente, são elementos poderosos e determinantes na evolução, todavia, apenas quando inspirados por princípios de ordem superior.

É necessário, portanto, não asfixiarmos os germens da vida edificante que nascem, todos os dias, no coração, ao influxo do Pai Misericordioso.

Irmãos nossos existem que regressam da Terra pela mesma porta da ignorância e da indiferença pela qual entraram. Eis por que, no balanço das atividades de cada dia, os discípulos deverão interrogar a si mesmos: – "Que fiz hoje? acentuei os traços da criatura inferior que fui até ontem ou desenvolvi as qualidades elevadas do espírito que desejo reter amanhã?"

136
Conflito

Acho, então, esta lei em mim: quando quero fazer o bem, o mal está comigo.
Paulo (*Romanos*, 7:21.)

Os discípulos sinceros do Evangelho, à maneira de Paulo de Tarso, encontram grande conflito na própria natureza.

Quase sempre são defrontados por enormes dificuldades nos testemunhos. No instante justo, quando lhes cabe revelar a presença do Divino Companheiro no coração, eis que uma palavra, uma atitude ligeira os traem, diante da própria consciência, indicando-lhes a continuidade das antigas fraquezas.

A maioria experimenta sensações de vergonha e dor.

Alguns atribuem as quedas à influenciação de espíritos maléficos e, geralmente, procuram o inimigo no plano exterior, quando deveriam sanar em si mesmos a causa indesejável de sintonia com o mal.

É indubitável que ainda nos achamos em região muito distante daquela em que possamos viver isentos de vibrações adversas; todavia, é necessário verificar a observação de Paulo, em nós próprios.

Enquanto o homem se mantém no gelo da indiferença ou na inquietação da teimosia, não é chamado à análise pura; entretanto, tão logo desperta para a renovação, converte-se o campo íntimo em zona de batalha.

Contra a aspiração bruxuleante do bem, no dia que passa, levanta-se a pesada bagagem de sombras acumuladas em nossas almas desde os séculos transcorridos. Indispensável, portanto, grande serenidade e resistência de nossa parte, a fim de que o progresso alcançado não se perca.

O Senhor concede-nos a claridade de Hoje para esquecermos as trevas de Ontem, preparando-nos para o Amanhã, no rumo da luz imperecível.

137
Inimigos

Amai, pois, os vossos inimigos.
Jesus (*Lucas*, 6:35.)

A afirmativa do Mestre Divino merece meditação em toda parte. Naturalmente que a recomendação, quanto ao amor aos inimigos, pede análise especial.

A multidão, em geral, não traduz o verbo amar senão pelas atividades cariciosas. Para que um homem demonstre capacidade afetiva, ante os olhos vulgares, precisará movimentar imenso cabedal de palavras e atitudes ternas, quando sabemos que o amor pode resplandecer no coração das criaturas sem qualquer exteriorização superficial. Porque o Pai nos confira experiências laboriosas e rudes, na Terra ou noutros mundos, não lhe podemos atribuir qualquer negação de amor.

No terreno a que se reporta o Amigo Divino, é justo nos detenhamos em legítimas ponderações.

Onde há luta há antagonismo, revelando a existência de circunstâncias com as quais não seria lícito concordar em se tratando do bem comum. Quando o Senhor nos aconselhou amar os inimigos, não exigiu aplausos ao que rouba ou destrói, deliberadamente, nem mandou multiplicarmos as asas da perversidade ou da má-fé. Recomendou, realmente, auxiliarmos os mais cruéis; no entanto, não com aprovação indébita, e sim com a disposição sincera e fraternal de ajudá-los a se reerguerem para a senda divina, através da paciência, do recurso reconstrutivo ou do trabalho restaurador. O Mestre, acima de tudo, preocupou-se em preservar-nos contra o veneno do ódio, evitando-nos a queda em disputas inferiores, inúteis ou desastrosas.

Ama, pois, os que se mostram contrários ao teu coração, amparando-os fraternalmente com todas as possibilidades de socorro ao teu alcance, convicto de que semelhante medida te livrará do calamitoso duelo do mal contra o mal.

138
Vejamos isto

Porque o Cristo me enviou, não para batizar, mas para evangelizar; não em sabedoria de palavras, para que a cruz do Cristo se não faça vã.
PAULO (*I Coríntios*, 1:17.)

Geralmente, quando encarnados, sentimos vaidoso prazer em atrair o maior número de pessoas para o nosso modo de crer.

Somos invariavelmente bons pregadores e eminentemente sutis na criação de raciocínios que esmaguem os pontos de vista de quantos nos não possam compreender no imediatismo da luta.

No primeiro pequeno triunfo obtido, tornamo-nos operosos na consulta aos livros santos, não para adquirir mais vasta iluminação, e, sim, com o objetivo de pesquisar as letras humanas das divinas escrituras, buscando acentuar as afirmativas vulneráveis de nossos opositores.

Se católicos-romanos, insistimos pela observância de nossos amigos à frequência da missa e dos sacramentos materializados; se adeptos das igrejas reformadas, exigimos o comparecimento geral ao culto externo; e, se espiritistas, buscamos multiplicar as sessões de intercâmbio com o Plano Invisível.

Semelhante esforço não deixa de ser louvável em algumas de suas características; todavia, é imperioso recordar que o aprendiz do Evangelho, quando procura sinceramente compreender o Cristo, sente-se visceralmente renovado na conduta íntima.

Quando Jesus penetra o coração de um homem, converte-o em testemunho vivo do bem e manda-o a evangelizar os seus irmãos com a própria vida, e quando um homem alcança Jesus, não se detém, pura e simplesmente, na estação das palavras brilhantes, mas vive de acordo com o Mestre, exemplificando o trabalho e o amor que iluminam a vida, a fim de que a glória da cruz se não faça vã.

139
Oferendas

Porque isto fez ele, uma vez, oferecendo-se a si mesmo.
Paulo (*Hebreus*, 7:27.)

As criaturas humanas vão sempre bem na casa farta, ante o céu azul. Entretanto, logo surjam dificuldades, ei-las à procura de quem as substitua nos lugares de aborrecimento e dor. Muitas vezes, pagam preço elevado pela fuga e adiam indefinidamente a experiência benéfica a que foram convidadas pela mão do Senhor.

Em razão disso, os religiosos de todos os tempos estabelecem complicados problemas com as oferendas da fé.

Nos ritos primitivos não houve qualquer hesitação, perante o sacrifício de jovens e crianças.

Com o escoar do tempo, o homem passou à matança de ovelhas, touros e bodes nos santuários.

Por muitos séculos perdurou o plano de óbolos em preciosidades e riquezas destinadas aos serviços do culto.

Com todas essas demonstrações, porém, o homem não procura senão aliciar a simpatia exclusiva de Deus, qual se o Pai estivesse inclinado aos particularismos terrestres.

A maioria dos que oferecem dádivas materiais não procede assim, ante as casas da fé, por amor à obra divina, mas com o propósito deliberado de comprar o favor do céu, eximindo-se ao trabalho de autoaperfeiçoamento.

Nesse sentido, contudo, o Cristo forneceu preciosa resposta aos seus tutelados do mundo. Longe de pleitear quaisquer prerrogativas, não enviou substitutos ao Calvário ou animais para sacrifício nos templos, e, sim, abraçou, Ele mesmo, a cruz pesada, imolando-se em favor das criaturas e dando a entender que todos os discípulos serão compelidos ao testemunho próprio, no altar da própria vida.

140
Saibamos lembrar

Lembrai-vos das minhas prisões.
Paulo (*Colossenses*, 4:18.)

Nas infantilidades e irreflexões costumeiras, os crentes recordam apenas a luminosa auréola dos espíritos santificados na Terra.

Supõem muitos encontrá-los, facilmente, além do túmulo, a fim de receber-lhes preciosas lembranças.

Não aguardam senão o céu, através de repouso brilhante na imensidade cósmica...

Quantos se lembrarão de Paulo tão somente na glorificação? Entretanto, nesta observação aos colossenses, o grande apóstolo exorta os amigos a lhe rememorarem as prisões, como a dizer que os discípulos não devem cristalizar o pensamento na antevisão de facilidades celestes, e, sim, refletir, seriamente, no trabalho justo pela posse do Reino Divino.

A conquista da espiritualidade sublimada tem igualmente os seus caminhos. É indispensável percorrê-los.

Antes de fixarmos a coroa resplandecente dos apóstolos fiéis, meditemos nos espinhos que lhes feriram a fronte.

Paulo conseguiu atingir as culminâncias; entretanto, quantos golpes de açoite, pedradas e ironias suportou, adaptando-se aos ensinamentos do Cristo, em escalando a montanha.

— Não mires, apenas, a superioridade manifesta daqueles a quem consagras admiração e respeito. Não te esqueças de imitá-los afeiçoando-te aos serviços sacrificiais a que se devotaram para alcançar os divinos fins.

141
Amor fraternal

Permaneça o amor fraternal.
PAULO (*Hebreus*, 13:1.)

As afeições familiares, os laços consanguíneos, as simpatias naturais podem ser manifestações muito santas da alma, quando a criatura as eleva no altar do sentimento superior; contudo, é razoável que o espírito não venha a cair sob o peso das inclinações próprias.

O equilíbrio é a posição ideal.

Por demasia de cuidado, inúmeros pais prejudicam os filhos.

Por excesso de preocupações, muitos cônjuges descem às cavernas do desespero, defrontados pelos insaciáveis monstros do ciúme que lhes aniquilam a felicidade.

Em razão da invigilância, belas amizades terminam em abismos de sombra.

O apelo evangélico, por isso mesmo, reveste-se de imensa importância.

A fraternidade pura é o mais sublime dos sistemas de relações entre as almas.

O homem que se sente filho de Deus e sincero irmão das criaturas não é vítima dos fantasmas do despeito, da inveja, da ambição, da desconfiança. Os que se amam fraternalmente alegram-se com o júbilo dos companheiros; sentem-se felizes com a ventura que lhes visita os semelhantes.

As afeições violentas, comumente conhecidas na Terra, passam vulcânicas e inúteis.

Na teia das reencarnações, os títulos afetivos modificam-se constantemente. É que o amor fraternal, sublime e puro, representando o objetivo supremo do esforço de compreensão, é a luz imperecível que sobreviverá no caminho eterno.

142
Revides

Na verdade, é já realmente uma falta entre vós terdes demandas uns contra os outros. Por que não sofreis, antes, a injustiça? por que não sofreis, antes, o dano?
PAULO (*I Coríntios*, 6:7.)

Nem sempre as demandas permanecem nos tribunais judiciários, no terreno escandaloso dos processos públicos.

Expressam-se em muito maior escala no centro dos lares e das instituições. Aí se movimentam, através do desregramento mental e da conversação em surdina, no lodo invisível do ódio que asfixia corações e anula energias. Se vivem, contudo, é porque componentes da família ou da associação as alimentam com o óleo da animosidade recalcada.

Aprendizes inúmeros se tornam vítimas de semelhantes perturbações, por se acastelarem nos falsos princípios regenerativos.

De modo geral, grande parte prefere a atitude agressiva, de espada às mãos, esgrimindo com calor na ilusória suposição de operar o conserto do próximo.

Prontos a protestar, a acusar e criticar nos grandes ruídos, costumam esclarecer que servem à verdade. Por que motivo, porém, não exemplificam a própria fé, suportando a injustiça e o dano heroicamente, no silêncio da alma fiel, antes da opção por qualquer revide?

Quantos lares seriam felizes, quantas instituições se converteriam em mananciais permanentes de luz, se os crentes do Evangelho aprendessem a calar para falar, a seu tempo, com proveito?

Não nos referimos aqui aos homens vulgares, e, sim, aos discípulos de Jesus.

Quanto lucrará o mundo, quando o seguidor do Cristo se sentir venturoso em ser mero instrumento do bem nas Divinas Mãos, esquecendo o velho propósito de ser orientador arbitrário do Serviço Celeste?

143
Não tiranizes

*E, com muitas parábolas semelhantes, lhes dirigia
a palavra, segundo o que podiam compreender.*
(*Marcos*, 4:33.)

Na difusão dos ensinamentos evangélicos, de quando em quando encontramos pregadores rigorosos e exigentes.

Semelhante anomalia não se verifica apenas no quadro geral do serviço. Na esfera particular, não raro, surgem amigos severos e fervorosos que reclamam desesperadamente a sintonia dos afeiçoados com os princípios religiosos que abraçaram.

Discussões acerbas se levantam, tocando a azedia venenosa.

Belas expressões afetivas são abaladas nos fundamentos, por ofensas indébitas.

Contudo, se o discípulo permanece realmente possuído pelo propósito de união com o Mestre, tal atitude é fácil de corrigir.

O Senhor somente ensinava aos que o ouviam, "segundo o que podiam compreender".

Aos apóstolos conferiu instruções de elevado valor simbológico, enquanto que à multidão transmitiu verdades fundamentais, através de contos simples. A conversação d'Ele diferia, de conformidade com as necessidades espirituais daqueles que o rodeavam. Jamais violentou a posição natural de ninguém.

Se estás em serviço do Senhor, considera os imperativos da iluminação, porque o mundo precisa de servidores cristãos, e, não, de tiranos doutrinários.

144
Fazei preparativos

Então, ele vos mostrará um grande cenáculo mobilado; aí, fazei preparativos.
Jesus (*Lucas*, 22:12.)

Aquele cenáculo mobilado, a que se referiu Jesus, é perfeito símbolo do aposento interno da alma.

À face da Natureza que oferece lições valiosas em todos os planos de atividade, observemos que o homem aguarda cada dia, renovando sempre as disposições do lar. Aqui, varrem-se detritos; acolá, ornamentam-se paredes. Os móveis, quase sempre os mesmos, passam por processos de limpeza diária.

O homem consciencioso reconhecerá que a maioria das ações, na experiência física, encerra-se em preparação incessante para a vida com que será defrontado, além da morte do corpo.

Se isso ocorre com a feição material da vida terrena, que não dizer do esforço propriamente espiritual para o caminho eterno?

Certamente, numerosas criaturas atravessarão o dia à maneira do irracional, em movimentos quase mecânicos. Erguem-se do leito, alimentam o corpo perecível, absorvem a atenção com bagatelas e dormem de novo, cada noite.

O aprendiz sincero, todavia, sabe que atingiu o cenáculo simbólico do coração. Embora não possa mudar de ideias diariamente, qual acontece aos móveis da residência, dá-lhes novo brilho a cada instante, sublimando os impulsos, renovando concepções, elevando desejos e melhorando sempre as qualidades estimáveis que já possui.

O homem simplesmente terrestre mantém-se na expectativa da morte orgânica; o homem espiritual espera o Mestre Divino, para consolidar a redenção própria.

Não abandoneis, portanto, o cenáculo da fé e, aí dentro, fazei preparativos em constante ascensão.

145
Obreiros

Procura apresentar-te a Deus aprovado, como obreiro que não tem de que se envergonhar.
Paulo (*II Timóteo*, 2:15.)

Desde tempos imemoriais, idealizam as criaturas mil modos de se apresentarem a Deus e aos seus mensageiros.

Muita gente preocupa-se durante a existência inteira em como talhar as vestimentas para o concerto celestial, enquanto crentes inumeráveis anotam cuidadosamente as mágoas terrestres, no propósito de desfiá-las em rosário imenso de queixas, diante do Senhor, à busca de destaque no mundo futuro.

A maioria dos devotos deseja iniciar a viagem, além da morte, com títulos de santos; todavia, não há maneira mais acertada de refletirmos em nossa posição, com verdade, além daquela em que nos enquadramos na condição de trabalhadores.

O mundo é departamento da Casa Divina.

Cátedras e enxadas não constituem elementos de divisão humilhante, e sim degraus hierárquicos para cooperadores diferentes.

O caminho edificante desdobra-se para todos.

Aqui, abrem-se covas na terra produtiva; ali, manuseiam-se livros para o sulco da inteligência, mas o espírito é o fundamento vivo do serviço manifestado.

Classificam-se os trabalhadores em posições diferentes; contudo, o campo é um só.

No centro das realidades, pois, não se preocupe ninguém com os títulos condecorativos, mesmo porque o trabalho é complexo, em todos os setores de ação dignificante, e o resultado é sempre fruto da cooperação bem vivida. Eis o motivo pelo qual julgamos com Paulo que a maior vitória do discípulo será a de apresentar-se, um dia, ao Senhor, como obreiro aprovado.

146
Seguir a verdade

Antes, seguindo a verdade em caridade, cresçamos em tudo naquele que é a cabeça, Cristo.
PAULO (*Efésios*, 4:15.)

Porque a verdade participa igualmente da condição relativa, inúmeros pensadores enveredam pelo negativismo absoluto, convertendo o materialismo em zona de extrema perturbação intelectual.

Como interpretar a verdade, se ela parece tão esquiva aos métodos de apreciação comum?

Alardeando superioridade, o cientista oficioso assevera que o real não vai além das formas organizadas, à maneira do fanático que só admite Revelação Divina no círculo dos dogmas que abraça.

Paulo, no entanto, oferece indicação proveitosa aos que desejam penetrar o domínio do mais alto conhecimento.

É necessário seguir a verdade em caridade, sem o propósito de encarcerá-la na gaiola da definição limitada.

Convertamos em amor os ensinamentos nobres recebidos. Verdade somada com caridade apresenta o progresso espiritual por resultante do esforço. Sem que atendamos a semelhante imperativo, seremos surpreendidos por vigorosos obstáculos no caminho da sublimação. Necessitamos crescer em tudo o que a experiência nos ofereça de útil e belo para a eternidade, com o Cristo, mas não conseguiremos a realização, sem transformarmos, diariamente, a pequena parcela de verdade possuída por nós, em amor aos semelhantes.

A compreensão pede realidade, tanto quanto a realidade pede compreensão.

Sejamos, pois, verdadeiros, mas sejamos bons.

147
Não é só

Mas agora despojai-vos também de todas estas coisas: da ira, da cólera, da malícia, da maledicência, das palavras torpes de vossa boca.
PAULO (*Colossenses*, 3:8.)

Na atividade religiosa, muita gente crê na reforma da personalidade, desde que o discípulo da fé se desligue de certos bens materiais.

Um homem que distribua grande quantidade de rouparia e alimento entre os necessitados é tido à conta de renovado no Senhor; contudo, isto constitui modalidade da verdadeira transformação, sem representar o conjunto das características que lhe dizem respeito.

Há criaturas que se despojam de dinheiro em favor da beneficência, mas não cedem no terreno da opinião pessoal, no esforço sublime de renunciação.

Enormes fileiras de aprendizes proclamam-se dispostas à prática do bem; no entanto, exigem que os serviços de benemerência se executem conforme os seus caprichos e não segundo Jesus.

Em toda parte, ouvem-se fervorosas promessas de fidelidade ao Cristo; todavia, ninguém conseguirá semelhante realização sem observar o conjunto das obrigações necessárias.

Pequeno erro de cálculo pode trair o equilíbrio de um edifício inteiro. Eis por que em se despojando alguém de algum patrimônio material, a benefício dos outros, não se esqueça também de desintegrar, em derredor dos próprios passos, os velhos envoltórios do rancor, do capricho doentio, do julgamento apressado ou da leviandade criminosa, dentro dos quais afivelamos pesada máscara ao rosto, de modo a parecer o que não somos.

148
Ceifeiros

Então, disse aos seus discípulos: a seara é realmente grande, mas poucos os ceifeiros.
(*Mateus*, 9:37.)

O ensinamento aqui não se refere à colheita espiritual dos grandes períodos de renovação no tempo, mas sim à seara de consolações que o Evangelho envolve em si mesmo.

Naquela hora permanecia em torno do Mestre a turba de corações desalentados e errantes que, segundo a narrativa de Mateus, se assemelhava a rebanho sem pastor. Eram fisionomias acabrunhadas e olhos súplices em penoso abatimento.

Foi então que Jesus ergueu o símbolo da seara realmente grande, ladeada, porém, de raros ceifeiros.

É que o Evangelho permanece no mundo por bendita messe celestial destinada a enriquecer o espírito humano; entretanto, a percentagem de criaturas dispostas ao trabalho da ceifa é muito reduzida. A maioria aguarda o trigo beneficiado ou o pão completo para a alimentação própria. Raríssimos são aqueles que enfrentam os temporais, o rigor do trabalho e as perigosas surpresas que o esforço de colher reclama do trabalhador devotado e fiel.

Em razão disto, a multidão dos desesperados e desiludidos continua passando no mundo, em fileira crescente, através dos séculos.

Os abnegados operários do Cristo prosseguem onerados em virtude de tantos famintos que cercam a seara, sem a precisa coragem de buscarem por si o alimento da vida eterna. E esse quadro persistirá na Terra, até que os bons consumidores aprendam a ser também bons ceifeiros.

149
Crer em vão

Pelo qual também sois salvos, se o retiverdes tal como vo-lo tenho anunciado, se não é que crestes em vão.
Paulo (*I Coríntios*, 15:2.)

Qual acontece a muitas flores que não atingirão a frutescência na estação adequada, existem inúmeras almas, nos serviços da crença, que não alcançam em longos períodos de luta terrestre a iluminação de si mesmas, por haverem crido em vão nos trilhos da vida.

Paulo de Tarso foi muito explícito quando asseverou aos coríntios que eles seriam salvos se retivessem o Evangelho.

A revelação de Jesus é campo extenso onde há lugar para todos os homens, em nos referindo aos serviços diversos.

Muitos chegam à obra; todavia, não passam além da letra, cooperando nas organizações puramente intelectuais; uns improvisam sistemas teológicos, outros contribuem na estatística e outros ainda se preocupam com a localização histórica do Senhor.

É imperioso reconhecer que toda tarefa digna se reveste de utilidade a seu tempo, de conformidade com os sentimentos do colaborador; contudo, no que condiz com a vida eterna que o Cristianismo nos desdobra ao olhar, é imprescindível retermos em nós o ensinamento do Mestre, com vistas à necessária aplicação.

Cada aprendiz há de ser uma página viva do livro que Jesus está escrevendo com o material evolutivo da Terra. O discípulo gravará o Evangelho na própria existência ou então se preparará ao recomeço do aprendizado, porquanto, sem fixar em si mesmo a luz da lição, debalde terá crido.

150
É o mesmo

Pois o mesmo Pai vos ama.
Jesus (*João*, 16:27.)

Ninguém despreze os valores da confiança.

Servo algum fuja ao benefício da cooperação.

Quem hoje pode dar algo de útil precisará possivelmente amanhã de alguma colaboração essencial.

Todavia, por enriquecer-se alguém de fraternidade e fé, não olvide a necessidade do desenvolvimento infinito no bem.

Os obreiros sinceros do Evangelho devem operar contra o favoritismo pernicioso.

A lavoura divina não possui privilegiados. Em suas secções numerosas, há trabalhadores mais devotados e mais fiéis; contudo, esses não devem ser categorizados à conta de fetiches, e, sim, respeitados e imitados por símbolos de lealdade e serviço.

Criar ídolos humanos é pior que levantar estátuas destinadas à adoração. O mármore é impassível, mas o companheiro é nosso próximo de cuja condição ninguém deveria abusar.

Pague cada homem o tributo de esforço próprio à vida.

O Supremo Senhor espera de nós apenas isto, a fim de converter-nos em colaboradores diretos.

O próprio Cristo afirmou que o mesmo Pai que o distingue ama igualmente a Humanidade.

O Deus que inspira o médico é o que ampara o doente.

Não importa que asiáticos e europeus o designem sob nomes diferentes.

Invariavelmente é o mesmo Pai.

Conservemos, pois, a luz da consolação, a bênção do concurso fraterno, a confiança em nossos Maiores e a certeza na proteção deles; contudo, não olvidemos o dever natural de seguir para o Alto, utilizando os próprios pés.

151
Ninguém se retira

Respondeu-lhe Simão Pedro: Senhor, para quem iremos nós? Tu tens as palavras da vida eterna.
(João, 6:68.)

À medida que o Mestre revelava novas características de sua doutrina de amor, os seguidores, então numerosos, penetravam mais vastos círculos no domínio da responsabilidade. Muitos deles, em razão disso, receosos do dever que lhes caberia, afastaram-se, discretos, do cenáculo acolhedor de Cafarnaum.

O Cristo, entretanto, consciente das obrigações de ordem divina, longe de violar os princípios da liberdade, reuniu a pequena assembleia que restava e interrogou aos discípulos:

— Também vós quereis retirar-vos?

Foi nessa circunstância que Pedro emitiu a resposta sábia, para sempre gravada no edifício cristão.

Realmente, quem começa o serviço de espiritualidade superior com Jesus jamais sentirá emoções idênticas à distância d'Ele. A sublime experiência, por vezes, pode ser interrompida, mas nunca aniquilada. Compelido em várias ocasiões por impositivos da zona física, o companheiro do Evangelho sofrerá acidentes espirituais, submetendo-se a ligeiro estacionamento; contudo, não perderá definitivamente o caminho.

Quem comunga efetivamente no banquete da revelação cristã em tempo algum olvidará o Mestre amoroso que lhe endereçou o convite.

Por esse motivo, Simão Pedro perguntou com muita propriedade:

– Senhor, para quem iremos nós?

É que o mundo permanece repleto de filósofos, cientistas e reformadores de toda espécie, sem dúvida respeitáveis pelas concepções humanas avançadas de que se fazem pregoeiros; na maioria das situações, todavia, não passam de meros expositores de palavras transitórias, com reflexos em experiências efêmeras. Cristo, porém, é o Salvador das almas e o Mestre dos corações e, com Ele, encontramos os roteiros da vida eterna.

152
De que modo?

*Que quereis? Irei ter convosco com vara ou
com amor e espírito de mansidão?*
Paulo (*I Coríntios*, 4:21.)

Por vezes, o Apóstolo dos Gentios, inflamado de sublimes aspirações, trouxe aos companheiros interrogativas diretas, quase cruéis, se consideradas tão somente em sentido literal, mas portadoras de realidade admirável, quando vistas através da luz imperecível.

Em todas as casas cristãs vibram irradiações de amor e paz. Jesus nunca deixou os seguidores fiéis esquecidos, por mais separados caminhem no terreno das interpretações.

Emissários abnegados do devotamento celestial espalham socorro santificante em todas as épocas da Humanidade. A História é demonstração dessa verdade inconteste.

A nenhum século faltaram missionários legítimos do bem.

Promessas e revelações do Senhor chegam aos portos do conhecimento, através de mil modos.

Os aprendizes que ingressaram nas fileiras evangélicas, portanto, não podem alegar ignorância de objetivo a fim de esconderem as próprias falhas. Cada qual, no lugar que lhe compete, já recebeu o programa de serviço que lhe cabe executar, cada dia. Se fogem ao trabalho e se escapam ao testemunho, devem semelhante anomalia à própria vontade paralítica.

Eis por que é possível surja um momento em que o discípulo ocioso e pedinchão poderá ouvir o Mestre, sem intermediários, exclamando de igual modo: – "Que quereis? Irei ter convosco com vara ou com amor e espírito de mansidão?"

153
Não tropecemos

Jesus respondeu: não há doze horas no dia? Se alguém andar de dia, não tropeça, porque vê a luz deste mundo.
(João, 11:9.)

O conteúdo da interrogativa do Mestre tem vasta significação para os discípulos da atualidade.

"Não há doze horas no dia?"

Conscientemente, cada qual deveria inquirir de si mesmo em que estará aplicando tão grande cabedal de tempo.

Fala-se com ênfase do problema de desempregados na época moderna. Entretanto, qualquer crise nesse sentido não resulta da carência de trabalho, e, sim, da ausência de boa vontade individual.

Um inquérito minucioso nesse particular revelaria a realidade. Muita gente permanece sem atividade por revolta contra o gênero de serviço que lhe é oferecido ou por inconformação, em face dos salários.

Sobrevém, de imediato, o desequilíbrio.

A ociosidade dos trabalhadores provoca a vigilância dos mordomos e as leis transitórias do mundo refletem animosidade e desconfiança.

Se os braços estacionam, as oficinas adormecem.

Ocorre o mesmo nas esferas de ação espiritual.

Quantos aprendizes abandonam seus postos, alegando angústia de tempo? Quantos não se transferem para a zona da preguiça, porque aconteceu isso ou aquilo, em pleno desacordo com os princípios superiores que abraça?

E, por bagatelas, grande número de servidores vigorosos procuram a retaguarda cheia de sombras. Mas aquele que conserva acuidade auditiva ainda escuta com proveito a palavra do Senhor: – "Não há doze horas no dia? Se alguém andar de dia não tropeça".

154
Os contrários

*Que diremos, pois, à vista destas coisas? Se
Deus é por nós, quem será contra nós?*
PAULO (*Romanos*, 8:31.)

A interrogação de Paulo ainda representa precioso tema para a comunidade evangélica dos dias que correm.

Perante nosso esforço desdobra-se campo imenso, onde o Mestre nos aguarda a colaboração resoluta.

Muitas vezes, contudo, grande número de companheiros prefere abandonar a construção para disputar com malfeitores do caminho.

Elementos adversos nos cercam em toda parte.

Obstáculos inesperados se desenham ante os nossos olhos aflitos, velhos amigos deixam-nos a sós, situações favoráveis, até ontem, são metamorfoseadas em hostilidades cruéis.

Enormes fileiras de operários fogem ao perigo, temendo a borrasca e esquecendo o testemunho.

Entretanto, não fomos situados na obra a fim de nos rendermos ao pânico, nem o Mestre nos enviou ao trabalho com o objetivo de confundir-nos através de experiências dos círculos exteriores.

Fomos chamados a construir.

Naturalmente, deveremos contar com as mil eventualidades de cada dia, suscetíveis de nascer das forças contrárias, dificultando-nos a edificação; nosso dia de luta será assediado pela perturbação e pela fadiga. Isto é inevitável num mundo que tudo espera do cristão genuíno.

Em razão de semelhante imperativo, entre ameaças e incompreensões da senda, cabe-nos indagar, bem-humorados, à maneira do apóstolo aos gentios: – "Se Deus é por nós, quem será contra nós?"

155
Contra a insensatez

*Sois vós tão insensatos que, tendo começado
pelo Espírito, acabeis agora pela carne?*
Paulo (*Gálatas*, 3:3.)

Um dos maiores desastres no caminho dos discípulos é a falsa compreensão com que iniciam o esforço na região superior, marchando em sentido inverso para os círculos da inferioridade. Dão, assim, a ideia de homens que partissem à procura de ouro, contentando-se, em seguida, com a lama do charco.

Semelhantes fracassos se fazem comuns nos vários setores do pensamento religioso.

Observamos enfermos que se dirigem à espiritualidade elevada, alimentando nobres impulsos e tomados de preciosas intenções; conseguida a cura, porém, refletem na melhor maneira de aplicarem as vantagens obtidas na aquisição do dinheiro fácil. Alguns, depois de auxiliados por amigos das esferas sublimadas, em transcendentes questões da vida eterna, pretendem atribuir a esses mesmos benfeitores a função de policiais humanos, na pesquisa de objetivos menos dignos.

Numerosos aprendizes persistem nos trabalhos do bem; contudo, eis que aparecem horas menos favoráveis e se entregam, inertes, ao desalento, reclamando prêmio aos minguados anos terrestres em que tentaram servir na lavoura do Mestre Divino e plenamente despreocupados dos períodos multimilenários em que temos sido servidos pelo Senhor.

Tais anomalias espirituais que perturbam consideravelmente o esforço dos discípulos procedem dos filtros venenosos compostos pelos pruridos de recompensa.

Trabalhemos, pois, contra a expectativa de retribuição, a fim de que prossigamos na tarefa começada, em companhia da humildade, portadora de luz imperecível.

156
Céu com céu

*Mas ajuntai para vós tesouros no céu, onde nem
a traça nem a ferrugem os consomem, e onde
os ladrões não penetram nem roubam.*
JESUS (*Mateus*, 6:20.)

Em todas as fileiras cristãs se misturam ambiciosos de recompensa que presumem encontrar, nessa declaração de Jesus, positivo recurso de vingança contra todos aqueles que, pelo trabalho e pelo devotamento, receberam maiores possibilidades na Terra.

O que lhes parece confiança em Deus é ódio disfarçado aos semelhantes.

Por não poderem açambarcar os recursos financeiros à frente dos olhos, lançam pensamentos de crítica e rebeldia, aguardando o paraíso para a desforra desejada.

Contudo, não será por entregar o corpo ao laboratório da natureza que a personalidade humana encontrará, automaticamente, os planos da Beleza Resplandecente.

Certo, brilham santuários imperecíveis nas esferas sublimadas, mas é imperioso considerar que, nas regiões imediatas à atividade humana, ainda encontramos imensa cópia de traças e ladrões, nas linhas evolutivas que se estendem além do sepulcro.

Quando o Mestre nos recomendou ajuntássemos tesouros no céu, aconselhava-nos a dilatar os valores do bem, na paz do coração. O homem que adquire fé e conhecimento, virtude e iluminação, nos recessos divinos da consciência, possui o roteiro celeste. Quem aplica os princípios redentores que abraça acaba conquistando essa carta preciosa; e quem trabalha diariamente na prática do bem vive amontoando riquezas nos Cimos da Vida.

Ninguém se engane nesse sentido.

Além da Terra, fulgem bênçãos do Senhor nos Páramos Celestiais; entretanto, é necessário possuir luz para percebê-las.

É da Lei que o Divino se identifique com o que seja Divino, porque ninguém contemplará o Céu se acolhe o inferno no coração.

157
O filho egoísta

Mas, respondendo ele, disse ao pai: Eis que te sirvo, há tantos anos, sem jamais transgredir um mandamento teu, e nunca me deste um cabrito para alegrar-me com os meus amigos.
(*Lucas*, 15:29.)

A parábola não apresenta somente o filho pródigo. Mais aguçada atenção e encontraremos o filho egoísta.

O ensinamento velado do Mestre demonstra dois extremos da ingratidão filial. Um reside no esbanjamento; o outro, na avareza. São as duas extremidades que fecham o círculo da incompreensão humana.

De maneira geral, os crentes apenas enxergaram o filho que abandonou o lar paterno, a fim de viver nas estroinices do escândalo, tornando-se credor de todas as punições; e raros aprendizes conseguiram fixar o pensamento na conduta condenável do irmão que permanecia sob o teto familiar, não menos passível de repreensão.

Observando a generosidade paterna, os sentimentos inferiores que o animam sobem à tona e ei-lo na demonstração de sovinice.

Contraria-o a vibração de amor reinante no ambiente doméstico; alega, como autêntico preguiçoso, os anos de serviço em família; invoca, na posição de crente vaidoso, a suposta observância da Lei Divina e desrespeita o genitor, incapaz de partilhar-lhe o justo contentamento.

Esse tipo de homem egoísta é muito vulgar nos quadros da vida. Ante o bem-estar e a alegria dos outros, revolta-se e sofre, através da secura que o aniquila e do ciúme que o envenena.

Lendo a parábola com atenção, ignoramos qual dos filhos é o mais infortunado, se o pródigo, se o egoísta, mas atrevemo-nos a crer na imensa infelicidade do segundo, porque o primeiro já possuía a bênção do remorso em seu favor.

158
Governo interno

Antes subjugo o meu corpo e o reduzo à servidão, para que, pregando aos outros, eu mesmo não venha de algum modo a ficar reprovado.
PAULO (*I Coríntios*, 9:27.)

Efetivamente, o corpo é miniatura do Universo.

É imprescindível, portanto, saber governá-lo.

Representação em material terrestre da personalidade espiritual, é razoável esteja cada um atento às suas disposições. Não é que a substância passiva haja adquirido poder superior ao da vontade humana; todavia, é imperioso reconhecer que as tendências inferiores procuram subtrair-nos o poder de domínio.

É indispensável esteja cada homem em dia com o governo de si mesmo.

A vida interior, de alguma sorte, assemelha-se à vida de um Estado. O espírito assume a autochefia, auxiliado por vários ministérios, quais os da reflexão, do conhecimento, da compreensão, do respeito e da ordem. As ideias diversas e simultâneas constituem apelos bons ou maus do parlamento íntimo. Existem, no fundo de cada mente, extensas potencialidades de progresso e sublimação, reclamando trabalho.

O governador supremo que é o espírito, no cosmos celular, redige leis benfeitoras, mas nem sempre mobiliza os órgãos fiscalizadores da própria vontade. E as zonas inferiores continuam em antigas desordens, não lhes importando os decretos renovadores que não hostilizam, nem executam. Em se verificando semelhante anomalia, passa o homem a ser um enigma vivo, quando se não converte num cego ou num celerado.

Quem espera vida sã, sem autodisciplina, não se distancia muito do desequilíbrio ruinoso ou total.

É necessário instalar o governo de nós mesmos em qualquer posição da vida. O problema fundamental é de vontade forte para conosco, e de boa vontade para com os nossos irmãos.

159
A posse do Reino

Confirmando os ânimos dos discípulos, exortando-os a permanecer na fé, e dizendo que por muitas tribulações nos importa entrar no Reino de Deus. (Atos, 14:22.)

O Evangelho a ninguém engana, em seus ensinamentos.

É vulgar a preocupação dos crentes tentando subornar as forças divinas. Não será, no entanto, ao preço de muitas missas, muitos hinos ou muitas sessões psíquicas que o homem efetuará a sublime aquisição de espiritualidade excelsa.

Naturalmente, toda prática edificante deve ser aproveitada por elemento de auxílio, no entanto, compete a cada individualidade humana o esforço iluminativo.

A Boa-Nova não distribui indulgências a preço do mundo e a criatura encontra inúmeros caminhos para a ascensão.

Templos e instrutores se multiplicam e cada qual oferece parcelas de socorro ou assistência, no serviço de orientação; contudo, a entrada e posse na herança eterna se verificarão através de justos testemunhos.

Isso não é acidental. É medida lógica e necessária.

Não se improvisam estátuas raras sem golpes de escopro, como não se colhe trigo sem campo lavrado.

Não poucos aprendizes costumam interpretar certas advertências do Evangelho por excesso de exortação ao sofrimento, no entanto, o que lhes parece obsessão pela dor é imperativo de educação da alma para a vida imperecível.

Homem algum encontrará o estuário infinito das energias divinas, sem o concurso das tribulações da Terra.

Personalidade sem luta, na Crosta Planetária, é alma estreita. Somente o trabalho e o sacrifício, a dificuldade e o obstáculo, como elementos de progresso e autossuperação, podem dar ao homem a verdadeira notícia de sua grandeza.

160
A grande luta

Porque não temos que lutar contra a carne e o sangue, mas sim contra os principados, contra as potestades, contra os príncipes das trevas deste século, contra as hostes espirituais da maldade, nos lugares celestiais.
PAULO (*Efésios*, 6:12.)

Segundo nossas afirmativas reiteradas, a grande luta não reside no combate com o sangue e a carne, propriamente, mas sim com as nossas disposições espirituais inferiores.

Paulo de Tarso agiu divinamente inspirado, quando escreveu sua recomendação aos companheiros de Éfeso.

O silencioso e incessante conflito entre os discípulos sinceros e as forças da sombra está vinculado em nossa própria natureza, porquanto nos acumpliciávamos abertamente com o mal, em passado não remoto.

Temos sido declarados participantes das ações delituosas nos lugares celestiais.

E, ainda hoje, entre os fluidos condensados da carne ou nas esferas que lhes são próximas, agimos no serviço de autorrestauração em pleno paraíso.

A Terra é, igualmente, sublime degrau do Céu.

Quando alguém se reporta aos anjos caídos, os ouvintes humanos guardam logo a impressão de um palácio soberbo e misterioso, de onde se expulsam criaturas sábias e luminosas.

Não se verifica o mesmo quando um homem culto se entrega ao assassínio, à frente de uma universidade ou de um templo?

Geralmente o observador terrestre relaciona o crime, não se detendo, porém, no exame do lugar sagrado e venerável em que se consumou.

A grande luta, a que o apóstolo se refere, prossegue sem descanso.

As cidades e as edificações humanas são zonas celestiais. Nem elas nem as células orgânicas que nos servem constituem os poderosos inimigos, e sim as "hostes espirituais da maldade", com as quais nos sintonizamos por intermédio dos pontos inferiores que conservamos desesperadamente conosco, vastas arregimentações de seres e pensamentos sombrios que obscurecem a visão humana, e que operam com sutileza, de modo a não perderem os ativos companheiros de ontem.

161
Vós, que dizeis?

E perguntou-lhes: e vós, quem dizeis que eu sou?
(*Lucas*, 9:20.)

Nas discussões propriamente do mundo, existirão sempre escritores e cientistas dispostos a examinar o Mestre, na pauta de suas impressões puramente intelectuais, sob os pruridos da presunção humana.

Esses amigos, porém, não tiveram contato com a alma do Evangelho, não superaram os círculos acadêmicos nem arriscam títulos convencionais, numa excursão desapaixonada através da Revelação Divina; naturalmente, portanto, continuarão enganados pela vaidade, pelo preconceito ou pelo temor que lhes são peculiares ao transitório modo de ser, até que se lhes renove a experiência nas estradas da vida imperecível.

Entretanto, na intimidade dos aprendizes sinceros e fiéis, a pergunta de Jesus reveste-se de singular importância.

Cada um de nós deve possuir opiniões próprias, relativamente à sabedoria e à misericórdia com que temos sido agraciados.

Palestras vãs, acerca do Cristo, quadram bem apenas a espíritos desarvorados no caminho da vida. A nós outros, porém, compete o testemunho da intimidade com o Senhor, porque somos usufrutuários diretos de sua infinita bondade. Meditemos e renovemos aspirações em seu Evangelho de Amor, compreendendo a impropriedade de mútuas interpelações, com respeito ao Mestre, porque a interrogação sublime vem d'Ele a cada um de nós e todos necessitamos conhecê-lo, de modo a assinalá-lo em nossas tarefas de cada dia.

162
Manifestações espirituais

*Mas a manifestação do Espírito é dada
a cada um, para o que for útil.*
PAULO (*I Coríntios*, 12:7.)

Com a revivescência do Cristianismo puro, nos agrupamentos do Espiritismo com Jesus, verifica-se idêntica preocupação às que torturavam os aprendizes dos tempos apostólicos, no que se refere à mediunidade.

A maioria dos trabalhadores na evangelização inquieta-se pelo desenvolvimento imediato de faculdades incipientes.

Em determinados centros de serviço exigem-se realizações superiores às possibilidades de que dispõem; em outros, sonha-se com fenômenos de grande alcance.

O problema, no entanto, não se resume a aquisições de exterior.

Enriqueça o homem a própria iluminação íntima, intensifique o poder espiritual, através do conhecimento e do amor, e entrará na posse de tesouros eternos, de modo natural.

Muitos aprendizes desejariam ser grandes videntes ou admiráveis reveladores, embalados na perspectiva de superioridade, mas não se abalançam nem mesmo a meditar no suor da conquista sublime.

Inclinam-se aos proventos, mas não cogitam do esforço. Nesse sentido, é interessante recordar que Simão Pedro, cujo espírito se sentia tão bem com o Mestre glorioso no Tabor, não suportou as angústias do Amigo flagelado no Calvário.

É justo que os discípulos pretendam o engrandecimento espiritual, todavia, quem possua faculdade humilde não a despreze porque o irmão mais próximo seja detentor de qualidades mais expressivas. Trabalhe cada um com o material que lhe foi confiado, convicto de que o Supremo Senhor não atende, no problema de manifestações espirituais, conforme o capricho humano, mas, sim, de acordo com a utilidade geral.

163
Agradecer

E sede agradecidos.
PAULO (*Colossenses*, 3:15.)

É curioso verificar que a multidão dos aprendizes está sempre interessada em receber graças, entretanto, é raro encontrar alguém com a disposição de ministrá-las.

Os recursos espirituais, todavia, em sua movimentação comum, deveriam obedecer ao mesmo sistema aplicado às providências de ordem material.

No capítulo de bênçãos da alma, não se deve receber e gastar, insensatamente, mas recorrer ao critério da prudência e da retidão, para que as possibilidades não sejam absorvidas pela desordem e pela injustiça.

É por isso que, em suas instruções aos cristãos de Colossos, recomenda o apóstolo que sejamos agradecidos.

Entre os discípulos sinceros, não se justifica o velho hábito de manifestar reconhecimento em frases bombásticas e laudatórias. Na comunidade dos trabalhadores fiéis a Jesus, agradecer significa aplicar proveitosamente as dádivas recebidas, tanto ao próximo, quanto a si mesmo.

Para os pais amorosos, o melhor agradecimento dos filhos consiste na elevada compreensão do trabalho e da vida, de que oferecem testemunho.

Manifestando gratidão ao Cristo, os apóstolos lhe foram leais até ao último sacrifício; Paulo de Tarso recebe o apelo do Mestre e, em sinal de alegria e de amor, serve à Causa Divina, através de sofrimentos inomináveis, por mais de trinta anos sucessivos.

Agradecer não será tão somente problema de palavras brilhantes; é sentir a grandeza dos gestos, a luz dos benefícios, a generosidade da confiança e corresponder, espontaneamente, estendendo aos outros os tesouros da vida.

164
O diabo

*Respondeu-lhes Jesus: Não vos escolhi a
vós, os doze? e um de vós é diabo.*
(João, 6:70.)

Quando a teologia se reporta ao diabo, o crente imagina, de imediato, o senhor absoluto do mal, dominando num inferno sem-fim.

Na concepção do aprendiz, a região amaldiçoada localiza-se em esfera distante, no seio de tormentosas trevas...

Sim, as zonas purgatoriais são inúmeras e sombrias, terríveis e dolorosas, entretanto, consoante a afirmativa do próprio Jesus, o diabo partilhava os serviços apostólicos, permanecia junto dos aprendizes e um deles se constituíra em representação do próprio gênio infernal. Basta isto para que nos informemos de que o termo "diabo" não indicava, no conceito do Mestre, um gigante de perversidade, poderoso e eterno, no espaço e no tempo. Designa o próprio homem, quando algemado às torpitudes do sentimento inferior.

Daí concluirmos que cada criatura humana apresenta certa percentagem de expressão diabólica na parte inferior da personalidade.

Satanás simbolizará então a força contrária ao bem.

Quando o homem o descobre, no vasto mundo de si mesmo, compreende o mal, dá-lhe combate, evita o inferno íntimo e desenvolve as qualidades divinas que o elevam à espiritualidade superior.

Grandes multidões mergulham em desesperos seculares, porque não conseguiram ainda identificar semelhante verdade.

E, comentando esta passagem de João, somos compelidos a ponderar: – "Se, entre os doze apóstolos, um havia que se convertera em diabo, não obstante a missão divina do círculo que se destinava à transformação do mundo, quantos existirão em cada grupo de homens comuns na Terra?"

165
Falsos discursos

E sede cumpridores da palavra, e não somente ouvintes, enganando-vos com falsos discursos.
(Tiago, 1:22.)

Nunca é demasiado comentar a importância e o caráter sagrado da palavra.

O próprio Evangelho assevera que no princípio era o Verbo, e quem examine atentamente a posição atual do mundo reconhecerá que todas as situações difíceis se originam do poder verbalista mal aplicado.

Falsos discursos enganaram indivíduos, famílias e nações. Acreditaram alguns em promessas vãs, outros em teorias falaciosas, outros, ainda, em perspectivas de liberdade sem obrigações. E raças, agrupamentos e criaturas, identificando a ilusão, atritam-se, mutuamente, procurando a paternidade das culpas.

Muito sangue e muita lágrima tem custado a criação do verbo humano. Impossível, por agora, computar esse preço doloroso ou determinar quanto tempo se fará necessário ao resgate preciso.

No turbilhão de lutas, todavia, o amigo do Cristo pode valer-se do tesouro evangélico, em proveito de sua esfera individual.

Cumprir a palavra do Mestre em nós é o programa divino. Sem a execução desse plano de salvação, os demais serviços sob nossa responsabilidade constituirão sublimada teologia, raciocínios brilhantes, magnífica literatura, muita admiração e respeito do campo inferior do mundo, mas nunca a realização necessária.

Eis o motivo pelo qual é sempre perigoso estacionar, no caminho, a ouvir quem foge à realidade de nossos deveres.

166
Cura do ódio

Portanto, se o teu inimigo tiver fome, dá-lhe de comer; se tiver sede, dá-lhe de beber; porque, fazendo isto, amontoarás brasas de fogo sobre a sua cabeça.
PAULO (*Romanos*, 12:20.)

O homem, geralmente, quando decidido ao serviço do bem, encontra fileiras de adversários gratuitos por onde passe, qual ocorre à claridade invariavelmente assediada pelo antagonismo das sombras.

Às vezes, porém, seja por equívocos do passado ou por incompreensões do presente, é defrontado por inimigos mais fortes que se transformam em constante ameaça à sua tranquilidade. Contar com inimigo desse jaez é padecer dolorosa enfermidade no íntimo, quando a criatura ainda não se afeiçoou a experiências vivas no Evangelho.

Quase sempre, o aprendiz de boa vontade desenvolve o máximo das próprias forças a favor da reconciliação; no entanto, o mais amplo esforço parece baldado. A impenetrabilidade caracteriza o coração do outro e os melhores gestos de amor passam por ele despercebidos.

Contra essa situação, todavia, o Livro Divino oferece receita salutar. Não convém agravar atritos, desenvolver discussões e muito menos desfazer-se a criatura bem-intencionada em gestos bajulatórios. Espere-se pela oportunidade de manifestar o bem.

Desde o minuto em que o ofendido esquece a dissensão e volta ao amor, o serviço de Jesus é reatado; entretanto, a visão do ofensor é mais tardia e, em muitas ocasiões, somente compreende a nova luz, quando essa se lhe converte em vantagem ao círculo pessoal.

Um discípulo sincero do Cristo liberta-se facilmente dos laços inferiores, mas o antagonista de ontem pode persistir muito tempo, no endurecimento do coração. Eis o motivo pelo qual dar-lhe todo o bem, no momento oportuno, é amontoar o fogo renovador sobre a sua cabeça, curando-lhe o ódio, cheio de expressões infernais.

167
Entendimento

Transformai-vos pela renovação do vosso entendimento.
Paulo (*Romanos*, 12:2.)

Quando nos reportamos ao problema da transformação espiritual, a comunidade dos discípulos do Evangelho concorda conosco, quanto a semelhante necessidade, mas nem todos demonstram perfeita compreensão do assunto.

No fundo, todos anelam a modificação, no entanto, a maioria não aspira senão à mudança de classificação convencional.

Os menos favorecidos pelo dinheiro buscam escalar o domínio das possibilidades materiais, os detentores de tarefas humildes pleiteiam as grandes posições e, num crescendo desconcertante, quase todos pretendem a transformação indébita das oportunidades a que se ajustam, mergulhando na desordem inquietante. A renovação indispensável não é a de plano exterior flutuante. Transformar-se-á o cristão devotado, não pelos sinais externos, e sim pelo entendimento, dotando a própria mente de nova luz, em novas concepções.

Assim como qualquer trabalho terrestre pede a sincera aplicação dos aprendizes que a ele se dedicam, o serviço de aprimoramento mental exige constância de esforço no bem e no conhecimento.

Ainda aqui, é forçoso reconhecer que a disciplina entrará com fatores decisivos.

Não te cristalizes, pois, em falsas noções que já te prejudicaram o dia de ontem.

Repara a estrutura dos teus raciocínios de agora, ante as circunstâncias que te rodeiam. Pergunta a ti próprio quanto ganhaste no Evangelho para analisar retamente esse ou aquele acontecimento de teu caminho. Faze isto e a Bondade do Senhor te auxiliará na esclarecedora resposta a ti mesmo.

168
De madrugada

E no primeiro dia da semana Maria Madalena foi ao sepulcro, de madrugada, sendo ainda escuro, e viu a pedra removida do sepulcro.
(*João*, 20:1.)

Não devemos esquecer a circunstância em que Maria de Magdala recebe a primeira mensagem da ressurreição do Mestre.

No seio de perturbações e desalentos da pequena comunidade, a grande convertida não perde tempo em lamentações estéreis nem procura o sono do esquecimento.

Os companheiros haviam quebrado o padrão de confiança. Entre o remorso da própria defecção e a amargura pelo sacrifício do Salvador, cuja lição sublime ainda não conseguiam apreender, confundiam-se em atitudes negativas. Pensamentos contraditórios e angustiados azorragavam-lhes os corações.

Madalena, contudo, rompe o véu de emoções dolorosas que lhe embarga os passos. É imprescindível não sucumbir sob os fardos, transformando-os, acima de tudo, em elemento básico na construção espiritual, e Maria resolve não se acovardar ante a dor. Porque o Cristo fora imolado na cruz, não seria lícito condenar-lhe a memória bem-amada ao olvido ou à indiferença.

Vigilante, atenta a si mesma, antes de qualquer satisfação a velhos convencionalismos, vai ao encontro do grande obstáculo que se constituía do sepulcro, muito cedo, precedendo o despertar dos próprios amigos, e encontra a radiante resposta da Vida Eterna.

Rememorando esse acontecimento simbólico, recordemos nossas antigas quedas, por havermos esquecido o "primeiro dia da semana", trocando, em todas as ocasiões, o "mais cedo" pelo "mais tarde".

169
Olhos

Eles têm os olhos cheios de adultério.
(*II Pedro*, 2:14.)

"Olhos cheios de adultério" constituem rebelde enfermidade em nossas lutas evolutivas.

Raros homens se utilizam dos olhos por lâmpadas abençoadas e poucos os empregam como instrumentos vivos de trabalho santificante na vigília necessária.

A maioria das criaturas trata de aproveitá-los, à frente de quaisquer paisagens, na identificação do que possuem de pior.

Homens comuns, habitualmente, pousam os olhos em determinada situação apenas para fixarem os ângulos mais apreciáveis aos interesses inferiores que lhes dizem respeito. Se atravessam um campo, não lhe anotam a função benemérita nos quadros da vida coletiva, e sim a possibilidade de lucros pessoais e imediatos que lhes possa oferecer. Se enxergam a irmã afetuosa de jornada humana, que segue não longe deles, premeditam, quase sempre, a organização de laços menos dignos. Se encontram companheiros nos lugares em que atendem a objetivos inferiores, não os reconhecem como possíveis portadores de ideias elevadas, porém como concorrentes aos seus propósitos menos felizes.

Ouçamos o brado de alarme de Simão Pedro, esquecendo o hábito de analisar com o mal.

Olhos otimistas saberão extrair motivos sublimes de ensinamento, nas mais diversas situações do caminho em que prosseguem.

Ninguém invoque a necessidade de vigilância para justificar as manifestações de malícia. O homem cristianizado e prudente sabe contemplar os problemas de si mesmo, contudo, nunca enxerga o mal onde o mal ainda não existe.

170
A língua

A língua também é um fogo.
(Tiago, 3:6.)

A desídia das criaturas justifica as amargas considerações de Tiago, em sua epístola aos companheiros.

O início de todas as hecatombes no planeta localiza-se, quase sempre, no mau uso da língua.

Ela está posta, entre os membros, qual leme de embarcação poderosa, segundo lembra o grande apóstolo de Jerusalém.

Em sua potencialidade permanecem sagrados recursos de criar, tanto quanto o leme de proporções reduzidas foi instalado para conduzir.

A língua detém a centelha divina do verbo, mas o homem, de modo geral, costuma desviá-la de sua função edificante, situando-a no pântano de cogitações subalternas e, por isso mesmo, vemo-la à frente de quase todos os desvarios da Humanidade sofredora, cristalizada em propósitos mesquinhos, à míngua de humildade e amor.

Nasce a guerra da linguagem dos interesses criminosos, insatisfeitos. As grandes tragédias sociais se originam, em muitas ocasiões, da conversação dos sentimentos inferiores.

Poucas vezes a língua do homem há consolado e edificado os seus irmãos; reconheçamos, porém, que a sua disposição é sempre ativa para excitar, disputar, deprimir, enxovalhar, acusar e ferir desapiedadamente.

O discípulo sincero encontra nos apontamentos de Tiago uma tese brilhante para todas as suas experiências. E, quando chegue a noite de cada dia, é justo interrogue a si mesmo: – "Terei hoje utilizado a minha língua, como Jesus utilizou a d'Ele?"

171
Lei do uso

E quando estavam saciados, disse Jesus aos seus discípulos: recolhei os pedaços que sobejaram, para que nada se perca.
(João, 6:12.)

Observada a lei do uso, a miséria fugirá do caminho humano.

Contra o desperdício e a avareza, é imperioso o trabalho de cada um, porque, identificado o equilíbrio, o serviço da justiça econômica estará completo, desde que a boa vontade habite com todos.

A passagem evangélica que descreve o trabalho de alimento à multidão assinala significativas palavras do Senhor, quanto às sobras de pão, transmitindo ensinamento de profunda importância aos discípulos.

Geralmente, o aprendiz sincero, nos primeiros deslumbramentos da fé reveladora, deseja desfazer-se nas atividades de benemerência, sem base na harmonia real.

Aí temos, indiscutivelmente, louvável impulso, mas, ainda mesmo na distribuição dos bens materiais, é indispensável evitar o descontrole e o excesso.

O Pai não suprime o inverno, porque alguns dos seus filhos se queixam do frio, mas equilibra a situação, dando-lhes coberturas.

A caridade reclama entusiasmo, entretanto, exige também discernimento generoso, que não incline o coração à secura.

Na grande assembleia de necessitados do monte, por certo, não faltariam preguiçosos e perdulários, prontos a inutilizar a parte restante de pão, sem necessidade justa. Jesus, porém, antes que os levianos se manifestassem, recomendou claramente: – "recolhei os pedaços que sobejaram, para que nada se perca". É que, em todas as coisas, o homem deverá reconhecer que o uso é compreensível na Lei, desprezando o abuso que é veneno mortal nas fontes da vida.

172
Que despertas?

De sorte que transportavam os enfermos para as ruas e os punham em leitos e em camilhas para que ao menos a sombra de Pedro, quando este passasse, cobrisse alguns deles.
(Atos, 5:15.)

O conquistador de glórias sanguinolentas espalha terror e ruínas por onde passa.

O político astucioso semeia a desconfiança e a dúvida.

O juiz parcial acorda o medo destrutivo.

O revoltado espalha nuvens de veneno sutil.

O maledicente injeta disposições malignas nos ouvintes, provocando o verbo desvairado.

O caluniador estende fios de treva na senda que trilha.

O preguiçoso adormece as energias daqueles que encontra, inoculando-lhes fluidos entorpecentes.

O mentiroso deixa perturbação e insegurança, ao redor dos próprios passos.

O galhofeiro, com a simples presença, inspira e encoraja histórias hilariantes.

Todos nós, através dos pensamentos, das palavras e dos atos, criamos atmosfera particular, que nos identifica aos olhos alheios.

A sombra de Simão Pedro, que aceitara o Cristo e a Ele se consagrara, era disputada pelos sofredores e doentes que encontravam nela esperança e alívio, reconforto e alegria.

Examina os assuntos e as atitudes que a tua presença desperta nos outros. Com atenção, descobrirás a qualidade de tua sombra e, se te encontras interessado em aquisição de valores iluminativos com Jesus, será fácil descobrires as próprias deficiências e corrigi-las.

173
Como testemunhar

Mas recebereis o poder do Espírito Santo, que há de vir sobre vós; e ser-me-eis testemunhas, tanto em Jerusalém como em toda a Judeia e Samaria, e até aos confins da Terra.
(Atos, 1:8.)

Realmente, Jesus é o Salvador do Mundo, mas não libertará a Terra do império do mal sem a contribuição daqueles que lhe procuram os recursos salvadores.

O Divino Mestre, portanto, precisa de auxiliares com atribuições de prepostos e testemunhas, em toda parte.

É impraticável o aprimoramento das almas, sem educação, e a educação exige legiões de cooperadores.

Contudo, para desempenharmos a tarefa de representantes do Senhor, na obra sublime de elevação, não basta o título externo, com vistas à escola religiosa.

Indispensável é a obtenção de bênçãos do Alto, por intermédio da execução de nossos deveres, por mais difíceis e dolorosos.

Até agora, conhecemos à saciedade, na Terra, o poder de dominar, governar, recusar e ferir, de fácil acesso no campo da vida.

Raras criaturas, porém, fazem por merecer de Jesus o poder celeste de obedecer, ensinando, de amar, construindo para o bem, de esperar, trabalhando, de ajudar desinteressadamente. Sem a recepção de semelhantes recursos, que nos identificam com o Trabalhador Divino, sem as possibilidades de refleti-lo para o próximo, em espírito e verdade através do nosso esforço constante de aplicação pessoal do Evangelho, podemos personificar excelentes pregadores, brilhantes literatos ou notáveis simpatizantes da doutrina cristã, mas não testemunhas d'Ele.

174
Espiritismo na fé

E estes sinais seguirão aos que crerem; em meu nome expulsarão os demônios; falarão novas línguas.
Jesus (*Marcos*, 16:17.)

Permanecem as manifestações da vida espiritual em todos os fundamentos da Revelação Divina, nos mais variados círculos da fé.

Espiritismo em si, portanto, deixa de ser novidade, dos tempos que correm, para figurar na raiz de todas as escolas religiosas.

Moisés estabelece contato com o Plano Espiritual no Sinai.

Jesus é visto pelos discípulos, no Tabor, ladeado por mortos ilustres.

O colégio apostólico relaciona-se com o Espírito do Mestre, após a morte d'Ele, e consolida no mundo o Cristianismo redentor.

Os mártires dos circos abandonam a carne flagelada, contemplando visões sublimes.

Maomet inicia a tarefa religiosa, ouvindo um mensageiro invisível.

Francisco de Assis percebe emissários do Céu que o exortam à renovação da Igreja.

Lutero registra a presença de seres de outro mundo.

Teresa d'Ávila recebe a visita de amigos desencarnados e chega a inspecionar regiões purgatoriais, através do fenômeno mediúnico do desdobramento.

Sinais do reino dos espíritos seguirão os que crerem, afirma o Cristo. Em todas as instituições da fé, há os que gozam, que aproveitam, que calculam, que criticam, que fiscalizam... Esses são, ainda, candidatos à iluminação definitiva e renovadora. Os que creem, contudo, e aceitam as determinações de serviço que fluem do Alto, serão seguidos pelas notas reveladoras da imortalidade, onde estiverem. Em nome do Senhor, emitindo vibrações santificantes, expulsarão a treva e a maldade, e serão facilmente conhecidos, entre os homens espantados, porque falarão sempre na linguagem nova do sacrifício e da paz, da renúncia e do amor.

175
Tratamento de obsessões

E até das cidades circunvizinhas concorria muita gente a Jerusalém, conduzindo enfermos e atormentados de espíritos imundos, os quais todos eram curados.
(Atos, 5:16.)

A igreja cristã dos primeiros séculos não estagnava as ideias redentoras do Cristo em prataria e resplendores do culto externo.

Era viva, cheia de apelos e respostas.

Semelhante a ela, o Espiritismo evangélico abre hoje as suas portas benfeitoras a quem sofre e procura caminho salvador.

É curioso notar que o trabalho enorme dos espiritistas de agora, no socorro às obsessões complexas e dolorosas, era da intimidade dos apóstolos. Eles doutrinavam os espíritos perturbados, renovando pelo exemplo e pelo ensino, não só os desencarnados sofredores, mas também os médiuns enfermos que lhes padeciam as influências.

Desde as primeiras horas de tarefa doutrinária sabe a alma do Cristianismo que seres invisíveis, menos equilibrados, vagueiam no mundo, produzindo chagas psíquicas naqueles que lhes recebem a atuação, e não desconhece as exigências do trabalho de conversão e elevação que lhe cabe realizar; os dogmas religiosos, porém, impediram-lhe o serviço eficiente, há muitos séculos.

Em plena atualidade, todavia, ressurgem os quadros primitivos da Boa-Nova.

Entidades espirituais ignorantes e infortunadas adquirem nova luz e roteiro novo, nas casas de amor que o Espiritismo cristão institui, vencendo preconceitos e percalços de vulto.

O tratamento de obsessões, portanto, não é trabalho excêntrico, em nossos círculos de fé renovadora. Constitui simplesmente a continuidade do esforço de salvação aos transviados de todos os matizes, começado nas luminosas mãos de Jesus.

176
Na revelação da vida

E os apóstolos davam, com grande poder, testemunho da ressurreição do Senhor Jesus, e em todos eles havia abundante graça.
(Atos, 4:33.)

Os companheiros diretos do Mestre Divino não estabeleceram os serviços da comunidade cristã sobre princípios cristalizados, inamovíveis. Cultuaram a ordem, a hierarquia e a disciplina, mas amparavam também o espírito do povo, distribuindo os bens da revelação espiritual, segundo a capacidade receptiva de cada um dos candidatos à nova fé.

Negar, presentemente, a legitimidade do esforço espiritista, em nome da fé cristã, é testemunho de ignorância ou leviandade.

Os discípulos do Senhor conheciam a importância da certeza na sobrevivência para o triunfo na vida moral. Eles mesmos se viram radicalmente transformados, após a ressurreição do Amigo Celeste, ao reconhecerem que o amor e a justiça regem o ser além do túmulo. Por isso mesmo, atraíam companheiros novos, transmitindo-lhes a convicção de que o Mestre prosseguia vivo e operoso, para lá do sepulcro.

Em razão disso, o ministério apostólico não se dividia tão somente na discussão dos problemas intelectuais da crença e nos louvores adorativos. Os continuadores do Cristo forneciam, "com grande poder, testemunho da ressurreição do Senhor Jesus" e, em face do amor com que se devotavam à obra salvacionista, neles havia "abundante graça".

O Espiritismo evangélico vem movimentar o serviço divino que envolve em si, não somente a crença consoladora, mas também o conhecimento indiscutível da imortalidade.

As escolas dogmáticas prosseguirão alinhando artigos de fé inoperante, congelando as ideias em absurdos afirmativos, mas o Espiritismo cristão vem restaurar, em suas atividades redentoras, o ensinamento da ressurreição individual, consagrado pelo Mestre Divino, que voltou, Ele mesmo, das sombras da morte para exaltar a continuidade da vida.

177
Guardemos saúde mental

*Pensai nas coisas que são de cima, e
não nas que são da Terra.*
PAULO (*Colossenses*, 3:2.)

O Cristianismo primitivo não desconhecia a necessidade da mente sã e iluminada de aspirações superiores, na vida daqueles que abraçam no Evangelho a renovação substancial.

O trabalho de notáveis pensadores de hoje encontra raízes mais longe.

Sabem agora, os que lidam com os fenômenos mediúnicos, que a morte da carne não impõe as delícias celestiais.

O homem encontra consigo mesmo, além do túmulo, com as virtudes e defeitos, ideais e vícios a que se consagrava no corpo.

O criminoso imanta-se ao círculo dos próprios delitos, quando se não algema aos parceiros na falta cometida.

O avarento está preso aos bens supérfluos que abusivamente amontoou.

O vaidoso permanece ligado aos títulos transitórios.

O alcoólatra ronda as possibilidades de satisfazer a sede que lhe domina os centros de força.

Quem se apaixona pelas organizações caprichosas do "eu" gasta longos dias para desfazer as teias de ilusão em que se lhe segrega a personalidade.

O programa antecede o serviço.

O projeto traça a realização.

O pensamento é energia irradiante. Espraiemo-lo na Terra e prender-nos-emos, naturalmente, ao chão. Elevemo-lo para o Alto e conquistaremos a espiritualidade sublime.

Nosso espírito residirá onde projetarmos nossos pensamentos, alicerces vivos do bem e do mal. Por isso mesmo, dizia Paulo, sabiamente: – "Pensai nas coisas que são de cima".

178
Combate interior

Tendo o mesmo combate que já em mim tendes visto e agora ouvis estar em mim.
PAULO (*Filipenses*, 1:30.)

Em plena juventude, Paulo terçou armas contra as circunstâncias comuns, de modo a consolidar posição para impor-se no futuro da raça. Pelejou por sobrepujar a inteligência de muitos jovens que lhe foram contemporâneos, deixou colegas e companheiros distanciados. Discutiu com doutores da Lei e venceu-os. Entregou-se à conquista de situação material invejável e conseguiu-a. Combateu por evidenciar-se no tribunal mais alto de Jerusalém e sobrepôs-se a velhos orientadores do povo escolhido. Resolveu perseguir aqueles que interpretava por inimigos da ordem estabelecida e multiplicou adversários em toda parte. Feriu, atormentou, complicou situações de amigos respeitáveis, sentenciou pessoas inocentes a inquietações inomináveis, guerreou pecadores e santos, justos e injustos...

Surgiu, contudo, um momento em que o Senhor lhe convoca o espírito a outro gênero de batalha – o combate consigo mesmo.

Chegada essa hora, Paulo de Tarso cala-se e escuta...

Quebra-se-lhe a espada nas mãos para sempre.

Não tem braços para hostilizar e sim para ajudar e servir.

Caminha, modificado, em sentido inverso. Ao invés de humilhar os outros, dobra a própria cerviz.

Sofre e aperfeiçoa-se no silêncio, com a mesma disposição de trabalho que o caracterizava nos tempos de cegueira.

É apedrejado, açoitado, preso, incompreendido muitas vezes, mas prossegue sempre, ao encontro da Divina Renovação.

Se ainda não combates contigo mesmo, dia virá em que serás chamado a semelhante serviço. Ora e vigia, prepara-te e afeiçoa o coração à humildade e à paciência. Lembra-te, meu irmão, de que nem mesmo Paulo, agraciado pela visita pessoal de Jesus, conseguiu escapar.

179
Entendamos servindo

Porque também nós éramos noutro tempo insensatos.
Paulo (*Tito*, 3:3.)

O martelo, realmente, colabora nos primores da estatuária, mas não pode golpear a pedra, indiscriminadamente.

O remédio amargo estabelece a cura do corpo enfermo, no entanto, reclama ciência na dosagem.

Nem mais, nem menos.

Na sementeira da verdade, igualmente, é indispensável não nos desfaçamos em movimento impensado.

Na Terra, não respiramos num domicílio de anjos.

Somos milhões de criaturas, no labirinto de débitos clamorosos do passado, suspirando pela desejada equação.

Quem ensina com sinceridade, naturalmente aprendeu as lições, atravessando obstáculos duros.

Claro que a tolerância excessiva resulta em ausência de defesa justa, entretanto, é inegável que para educarmos a outrem, necessitamos de imenso cabedal de paciência e entendimento.

Paulo, incisivo e enérgico, não desconhecia semelhante realidade.

Escrevendo a Tito, lembra as próprias incompreensões de outra época para justificar a serenidade que nos deve caracterizar a ação, a serviço do Evangelho redentor.

Jamais atingiremos nossos objetivos, torturando chagas, indicando cicatrizes, comentando defeitos ou atirando espinhos à face alheia.

Compreensão e respeito devem preceder-nos a tarefa em qualquer parte.

Recordemos nós mesmos, na passagem pelos círculos mais baixos, e estendamos braços fraternos aos irmãos que se debatem nas sombras.

Se te encontras interessado no serviço do Cristo, lembra-te de que Ele não funcionou em promotoria de acusação, e, sim, na tribuna do sacrifício até à cruz, na condição de advogado do mundo inteiro.

180
Crê e segue

*Assim como tu me enviaste ao mundo,
também eu os enviei ao mundo.*
Jesus (*João*, 17:18.)

Se abraçaste, meu amigo, a tarefa espiritista cristã, em nome da fé sublimada, sedento de vida superior, recorda que o Mestre te enviou o coração renovado ao vasto campo do mundo para servi-lo.

Não só ensinarás o bom caminho. Agirás de acordo com os princípios elevados que apregoas.

Ditarás diretrizes nobres para os outros, contudo, marcharás dentro delas, por tua vez.

Proclamarás a necessidade de bom ânimo, mas seguindo, estrada afora, semeando alegrias e bênçãos, ainda mesmo quando incompreendido de todos.

Não te contentarás em distribuir moedas e benefícios imediatos. Darás sempre algo de ti mesmo ao que necessita.

Não somente perdoarás. Compreenderás o ofensor, auxiliando-o a reerguer-se.

Não criticarás. Encontrarás recursos inesperados de ser útil.

Não deblaterarás. Valer-te-ás do tempo para materializar os bons pensamentos que te dirigem.

Não disputarás inutilmente. Encontrarás o caminho do serviço aos semelhantes em qualquer parte.

Não viverás simplesmente no combate palavroso contra o mal. Reterás o bem, semeando-o com todos.

Não condenarás. Descobrirás a luz do amor para fazê-la brilhar em teu coração, até o sacrifício.

Ora e vigia.

Ama e espera.

Serve e renuncia.

Se não te dispões a aproveitar a lição do Mestre Divino, afeiçoando a própria vida aos seus ensinamentos, a tua fé terá sido vã.

Índice das obras por capítulos e versículos[6]

Capítulo Versículo	Capítulo Obra
Mateus	
1:21	174 VL
4:4	18 FV
4:25	144 FV
5:1	104 FV
5:2	17 VL
5:7	69 PVE
5:9	70 PVE
5:9	79 PVE
5:14	76 CVV
5:14	105 FV
5:15	81 FV
5:16	180 CVV
5:16	13 PVE
5:16	159 VL
5:20	112 PVE
5:20	161 VL
5:25	120 PN
5:25	111 PVE
5:25	178 PVE
5:37	80 PN
5:39	62 VL
5:39	63 VL
5:44	16 PVE
5:44	41 VL
5:46	96 FV
5:47	60 VL
6:6	172 PVE
6:9	77 FV
6:9	164 FV
6:13	57 VL
6:14	135 FV
6:20	177 FV
6:20	156 PN
6:22	71 PVE
6:25	8 PVE
6:31	86 VL
6:33	18 VL
6:34	152 VL
7:2	76 PVE

Capítulo Versículo	Capítulo Obra
7:2	179 PVE
7:3	113 FV
7:3	35 PVE
7:6	93 VL
7:9	166 PVE
7:12	66 PVE
7:16	7 FV
7:20	122 CVV
7:24	9 PN
8:3	37 PVE
8:3	147 PVE
8:22	143 FV
9:11	137 CVV
9:16	1 PVE
9:35	51 PN
9:37	148 PN
10:14	71 PN
10:25	103 CVV
10:34	104 CVV
11:15	72 PVE
11:28	172 CVV
11:28	5 FV
11:29	130 PN
12:20	162 CVV
13:3	64 VL
13:8	51 PVE
13:30	107 VL
13:38	68 VL
14:19	91 VL
14:23	6 CVV
15:18	97 VL
17:9	128 CVV
18:8	108 CVV
18:10	157 FV
18:33	20 CVV
19:6	164 CVV
19:22	149 CVV
19:26	33 PVE
19:27	22 FV
19:29	154 CVV
20:4	29 PN

Capítulo Versículo	Capítulo Obra
20:22	65 CVV
20:28	4 PN
22:39	41 CVV
24:13	36 PN
24:16	140 CVV
24:20	113 VL
24:28	32 PN
24:42	132 VL
25:15	7 PVE
25:25	132 FV
25:40	137 FV
26:22	12 PVE
26:23	104 VL
26:27	19 PVE
26:40	88 CVV
26:41	110 FV
26:50	90 CVV
26:56	94 VL
26:58	89 CVV
27:4	91 PN
27:8	91 CVV
27:22	100 VL
27:23	70 FV
27:42	46 FV
28:19-20	116 FV
28:20	83 PVE
28:20	149 PVE
Marcos	
1:20	153 FV
1:24	144 CVV
1:38	38 CVV
2:27	30 PN
2:4	118 CVV
3:5	174 FV
3:23	146 CVV
4:15	25 PN
4:17	180 VL
4:19	40 VL
4:28	102 CVV
4:32	35 CVV

[6] N.E.: Abreviaturas utilizadas: CVV: Caminho, verdade e vida; PN: Pão nosso; VL: Vinha de luz; FV: Fonte viva; PVE: Palavras de vida eterna.

Francisco Cândido Xavier / Emmanuel

Capítulo Versículo	Capítulo Obra	Capítulo Versículo	Capítulo Obra	Capítulo Versículo	Capítulo Obra
4:33	143 PN	6:30	106 CVV	15:29	157 PN
5:9	143 CVV	6:35	137 PN	15:29	98 PVE
5:9	167 PVE	6:38	72 PN	16:2	75 FV
5:19	168 PVE	6:44	121 CVV	16:9	111 PN
5:19	111 VL	6:46	47 CVV	16:9	112 PN
5:23	153 CVV	7:22	144 PVE	16:13	142 CVV
6:31	147 FV	8:13	124 CVV	16:29	116 PN
6:31	34 PN	8:17-18	52 PVE	17:20	107 CVV
6:31	152 PVE	8:25	40 CVV	17:21	177 VL
6:32	168 CVV	8:28	19 PN	17:23	19 CVV
6:37	131 FV	8:48	113 PN	17:31	134 VL
6:37	11 PVE	9:20	161 PN	18:1	61 FV
6:56	70 CVV	9:23	15 PVE	18:41	44 CVV
7:7	37 CVV	9:26	51 VL	18:43	34 VL
8:2	6 VL	9:28	105 CVV	19:13	2 VL
8:3	124 PN	9:30	67 CVV	19:42	38 PN
8:5	133 FV	9:35	32 CVV	19:48	47 VL
8:5	9 PVE	9:44	70 VL	21:13	71 CVV
8:11	145 VL	9:53	175 FV	21:19	171 PVE
8:34	74 PVE	9:62	3 PN	21:34	23 VL
8:36	58 CVV	10:3	144 VL	22:12	144 PN
8:36	6 PVE	10:5	108 PVE	22:27	59 VL
8:36	73 CVV	10:6	65 CVV	22:32	15 CVV
9:24	123 PN	10:9	44 PN	22:32	45 VL
9:35	56 VL	10:20	145 CVV	22:42	151 PVE
10:43	155 CVV	10:28	157 CVV	22:46	87 CVV
10:45	82 FV	10:29	126 FV	23:26	140 FV
10:50	98 CVV	10:41	3 VL	23:31	82 CVV
10:51	89 FV	10:42	32 FV	23:34	38 FV
11:12	162 PVE	11:1	167 CVV	23:34	61 PVE
11:25	45 PN	11:3	174 CVV	23:43	81 PN
12:17	102 PN	11:9	109 PN	24:11	9 VL
12:27	42 PN	11:10	109 CVV	24:16	95 CVV
12:29	105 PN	11:11	166 VL	24:35	129 PN
12:38	28 CVV	11:13	63 PN	24:48	161 CVV
13:11	65 PVE	11:28	70 PN	**João**	
13:33	87 VL	11:35	33 VL	1:5	106 FV
14:38	3 PVE	11:41	60 FV	1:23	16 CVV
15:17	96 CVV	12:15	165 CVV	1:38	22 CVV
15:21	103 PN	12:15	52 VL	2:5	171 CVV
15:30	94 CVV	12:20	56 CVV	2:25	109 FV
15:30	25 PVE	12:20	35 VL	3:3	56 FV
15:32	131 PN	12:21	120 FV	3:7	110 CVV
16:7	67 VL	12:26	31 CVV	3:7	177 PVE
16:16	163 CVV	12:34	64 CVV	3:10	111 CVV
16:17	174 PN	13:24	20 VL	3:12	136 CVV
Lucas		13:26	34 CVV	3:16	60 PVE
1:79	85 VL	13:33	20 PN	3:30	76 VL
2:14	180 FV	14:10	39 PN	3:34	2 PVE
2:49	27 CVV	14:10	43 PN	4:34	42 VL
3:13	19 VL	14:18	128 PVE	4:35	10 VL
3:14	5 PN	14:21	127 PVE	5:17	4 CVV
3:17	90 PN	14:27	58 FV	5:29	127 PN
4:21	141 CVV	14:27	18 PVE	5:30	101 CVV
5:4	21 PN	14:35	121 PN	5:40	36 FV
5:31	28 FV	15:17	88 FV	6:10	25 CVV
6:19	110 PN	15:17	24 PN	6:12	171 PN
6:22	89 PN	15:18	13 FV	6:30	92 FV
6:26	80 CVV	15:20	97 PVE	6:32	173 VL

Pão nosso

Capítulo Versículo	Capítulo Obra	Capítulo Versículo	Capítulo Obra	Capítulo Versículo	Capítulo Obra
6:48	134 PVE	15:7	59 PN	9:18	149 VL
6:60	176 CVV	15:7	64 PVE	9:41	33 FV
6:63	118 PVE	15:8	45 FV	10:15	23 FV
6:68	59 FV	15:8	17 PVE	10:29	54 PN
6:68	151 PN	15:13	86 CVV	11:24	12 VL
6:70	164 PN	15:14	135 PVE	12:10	100 CVV
7:6	73 CVV	15:14	174 PVE	14:10	79 CVV
7:20	177 CVV	16:1	101 VL	14:15	33 PN
8:4	85 PN	16:3	128 PN	14:22	159 PN
8:5	43 CVV	16:4	114 VL	15:29	126 CVV
8:11	50 PN	16:7	125 PN	16:9	160 CVV
8:12	166 FV	16:20	93 CVV	16:31	88 VL
8:12	146 VL	16:24	66 CVV	17:32	114 PN
8:32	173 FV	16:27	150 PN	19:2	14 FV
8:32	130 PVE	16:32	170 CVV	19:2	87 FV
8:35	125 CVV	16:33	136 PVE	19:5	158 CVV
8:38	12 CVV	16:33	155 VL	19:11	74 CVV
8:43	48 FV	17:14	169 CVV	19:15	63 CVV
8:45	78 CVV	17:15	30 CVV	20:35	117 FV
8:58	133 CVV	17:15	162 FV	21:13	119 PN
9:4	127 CVV	17:17	139 VL	22:10	112 FV
9:25	95 FV	17:18	180 PN	22:16	147 CVV
9:27	37 PN	18:11	114 FV	26:24	49 PN
10:7	172 FV	18:34	85 CVV	**Romanos**	
10:7	115 PN	18:36	133 PN	1:17	23 CVV
10:9	178 CVV	19:5	127 FV	1:20	55 PN
10:10	166 CVV	20:1	168 PN	2:6	101 PVE
10:10	104 PVE	20:16	92 CVV	2:10	42 CVV
10:25	2 PN	20:19	9 CVV	3:13	51 FV
11:9	153 PN	20:19	47 PVE	3:16	27 FV
11:23	151 VL	20:20	179 FV	5:3	119 VL
11:44	112 CVV	20:21	53 CVV	5:3	142 VL
11:44	75 PVE	20:21	165 VL	6:23	122 VL
12:10	61 VL	20:22	11 VL	7:10	16 FV
12:11	113 CVV	20:24	100 FV	7:21	136 PN
12:26	11 CVV	21:6	21 CVV	8:9	170 FV
12:35	6 PN	21:17	97 CVV	8:9	160 PVE
12:40	139 CVV	21:17	19 FV	8:9	168 VL
12:43	33 CVV	21:22	2 CVV	8:13	78 PN
13:8	5 CVV	21:22	89 PVE	8:13	82 PN
13:17	49 CVV	**Atos**		8:17	120 VL
13:34	179 CVV	1:8	173 PN	8:31	154 PN
13:35	15 FV	2:13	103 VL	10:11	13 VL
13:35	63 FV	2:17	10 CVV	11:23	78 FV
14:1	36 PVE	2:21	129 VL	12:2	107 FV
14:2	44 FV	2:42	39 VL	12:2	167 PN
14:6	175 VL	2:47	29 PVE	12:2	31 PVE
14:6	176 VL	3:6	106 PN	12:2	131 PVE
14:10	117 PVE	3:19	13 PN	12:2	158 PVE
14:15	175 PVE	4:31	149 FV	12:15	92 PVE
14:27	46 PVE	4:31	98 VL	12:16	118 FV
14:27	56 PVE	4:33	176 PN	12:20	166 PN
14:27	57 PVE	5:15	172 PN	12:21	35 FV
14:22	134 CVV	5:16	175 PN	12:21	10 PVE
14:27	105 VL	8:31	175 CVV	12:21	30 PVE
14:31	84 CVV	9:5	150 CVV	13:7	150 VL
15:4	103 PVE	9:6	39 CVV	14:6	1 CVV
15:5	55 CVV	9:10	17 FV	14:7	154 FV
15:5	146 FV	9:16	125 VL	14:10	40 PVE

Capítulo Versículo	Capítulo Obra	Capítulo Versículo	Capítulo Obra	Capítulo Versículo	Capítulo Obra
14:12	50 CVV	15:19	123 CVV	6:1	37 FV
14:12	102 PVE	15:33	74 PN	6:4	82 PVE
14:12	170 PVE	15:37	7 PN	6:7	160 FV
14:14	94 PN	15:44	171 VL	6:7	110 PVE
14:15	83 PN	15:51	158 VL	6:8	53 VL
14:19	24 VL	15:58	69 FV	6:9	124 FV
14:22	14 CVV	15:58	44 PVE	6:9	82 VL
15:1	46 PN	15:58	115 PVE	6:10	129 PVE
15:4	75 VL	16:13	90 FV	6:10	145 PVE
16:20	27 PN	16:14	31 PN	6:10	169 PVE
I Coríntios		**II Coríntios**		**Efésios**	
1:17	138 PN	1:12	119 CVV	4:1	126 VL
1:18	97 FV	1:12	155 PVE	4:3	49 FV
1:19	164 VL	2:1	156 PVE	4:7	25 FV
1:23	7 VL	3:3	114 CVV	4:15	146 PN
2:12	106 VL	3:16	26 VL	4:20	159 CVV
2:16	176 PVE	4:5	55 FV	4:23	67 FV
3:2	121 VL	4:7	21 PVE	4:23	90 PVE
3:6	138 CVV	4:7	43 PVE	4:28	142 FV
3:9	68 FV	4:7	88 PVE	4:28	163 PVE
3:9	48 VL	4:8	102 VL	4:29	45 CVV
3:13	18 PN	4:16	62 FV	4:29	164 PVE
3:16	30 FV	4:16	141 FV	4:31	59 PVE
4:2	115 FV	4:16	169 FV	4:32	14 FV
4:2	124 PVE	4:18	168 FV	4:32	38 VL
4:9	57 FV	5:10	Pref. PN	5:8	143 PVE
4:19	72 VL	5:14	74 FV	5:8	160 VL
4:21	152 PN	5:17	7 CVV	5:11	67 PN
5:6	76 FV	5:17	125 PVE	5:14	66 FV
5:6	108 FV	5:20	115 CVV	5:14	68 PN
5:7	64 VL	6:4	132 PN	5:20	91 PVE
6:7	142 PN	6:2	150 PVE	5:20	113 PVE
6:13	172 VL	6:2	153 PVE	5:28	93 PN
8:1	152 CVV	6:16	138 VL	5:33	137 VL
8:2	44 VL	7:2	126 PVE	6:1	136 VL
9:22	72 FV	7:2	147 VL	6:4	135 VL
9:26	26 PVE	7:9	153 VL	6:6	4 VL
9:27	158 PN	7:10	130 CVV	6:7	29 FV
10:7	52 PN	8:1	180 PVE	6:10	111 FV
10:23	28 PN	9:7	58 PN	6:12	160 PN
11:19	36 CVV	10:7	65 FV	6:13	115 FV
12:4	4 FV	12:7	126 PN	6:16	141 VL
12:4	42 PVE	12:15	53 FV	6:17	140 VL
12:6	96 VL	13:5	99 VL	6:20	53 PN
12:7	162 PN	13:7	78 PVE	**Filipenses**	
12:27	157 PVE	13:10	32 VL	1:9	91 FV
12:27	148 VL	13:11	123 FV	1:9	116 VL
12:31	54 PN	**Gálatas**		1:29	104 PN
13:4	93 PVE	1:10	47 PN	1:30	178 PN
13:4	94 PVE	2:8	35 PN	2:3	3 CVV
13:4	163 VL	3:3	155 PN	2:5	2 FV
13:7	32 PVE	4:26	55 VL	2:7	8 CVV
13:8	162 VL	5:1	24 PVE	2:8	62 PN
14:7	84 FV	5:1	27 PVE	2:14	75 PN
14:8	124 VL	5:13	28 PVE	2:21	101 FV
14:10	138 PVE	5:13	133 PVE	3:2	145 FV
14:26	1 PN	5:13	128 VL	3:2	74 VL
15:2	149 PN	5:25	13 CVV	3:11	40 FV
15:13	68 CVV				

Pão nosso

Capítulo Versículo	Capítulo Obra
3:13	50 FV
3:13	34 PVE
3:14	81 PVE
3:14	50 VL
4:4	61 PN
4:6	86 PVE
4:6	146 PVE
4:8	15 PN
4:8	20 PVE
4:11	29 CVV
4:11	85 PVE
4:12	56 PN
4:13	79 PN
4:19	73 FV
4:20	11 FV
4:22	75 CVV
Colossenses	
2:6	73 PN
2:8	58 PVE
3:2	177 PN
3:8	147 PN
3:12	89 VL
3:13	163 FV
3:14	5 VL
3:15	163 PN
3:16	125 FV
3:17	22 PVE
3:17	108 VL
3:23	57 PN
4:2	108 PN
4:6	77 PN
4:16	143 VL
4:18	140 PN
I Tessalonicenses	
4:4	156 VL
4:9	138 FV
4:9	10 PN
4:11	136 PN
4:11	37 VL
5:8	98 FV
5:9	139 FV
5:13	65 PN
5:13	45 PVE
5:16	50 PVE
5:18	155 FV
5:19	135 PN
5:21	53 FV
5:21	154 VL
5:25	17 PN
II Tessalonicenses	
3:2	23 PN
3:13	11 PN
I Timóteo	
1:7	15 VL
1:15	38 PVE
2:2	39 PVE
2:8	84 PN
3:9	131 VL

Capítulo Versículo	Capítulo Obra
4:14	127 VL
4:15	159 PVE
4:15	14 VL
4:16	148 CVV
5:4	117 PN
5:8	156 FV
5:8	107 PVE
6:6	107 PN
6:7	47 FV
6:7	119 PVE
6:8	9 FV
6:10	57 CVV
6:10	48 PVE
6:19	63 PVE
II Timóteo	
1:6	30 VL
1:7	84 PVE
1:7	31 VL
1:13	97 PN
1:17	95 VL
2:2	87 PN
2:6	31 FV
2:7	1 FV
2:15	145 PN
2:15	132 PVE
2:16	73 VL
2:21	78 VL
2:22	151 CVV
2:24	98 PN
3:12	77 VL
3:16	121 FV
4:7	148 PVE
4:21	66 VL
Tito	
1:15	34 FV
1:16	116 CVV
2:1	62 PVE
2:1	16 VL
2:8	43 FV
3:3	179 PN
3:14	25 VL
Filemom	
1:14	120 PVE
1:14	165 PVE
1:18	17 CVV
Hebreus	
1:2	148 FV
1:11	72 CVV
3:4	71 VL
3:13	69 PN
3:15	169 VL
5:9	16 PN
5:13	51 CVV
6:1	83 FV
6:7	117 CVV
6:9	59 CVV
6:15	103 FV
6:15	68 PVE

Capítulo Versículo	Capítulo Obra
7:7	21 FV
7:27	139 PN
8:10	40 PN
8:11	41 PN
10:6	21 VL
10:8	48 PN
10:16	81 VL
10:24	176 FV
10:24	116 PVE
10:32	60 PN
10:35	128 FV
10:36	129 FV
11:8	3 FV
11:25	42 FV
12:1	12 FV
12:1	85 FV
12:1	76 PN
12:4	79 VL
12:6	22 VL
12:7	88 PN
12:11	6 FV
12:12	52 FV
12:12	99 FV
12:13	86 PN
12:28	178 FV
13:1	141 PN
13:2	141 PVE
13:5	41 FV
13:5	142 PVE
13:9	134 PN
13:10	93 FV
13:14	28 VL
Tiago	
1:4	55 PVE
1:4	67 PVE
1:4	77 PVE
1:6	165 FV
1:6	22 PN
1:8	29 VL
1:12	101 PN
1:14	129 CVV
1:17	52 CVV
1:19	77 CVV
1:22	165 PN
1:22	95 PVE
1:25	8 FV
1:27	139 PVE
2:14	140 PVE
2:17	39 FV
2:17	5 PVE
2:17	106 PVE
2:19	20 FV
2:19	137 PVE
3:6	170 PN
3:10	173 PVE
3:10	179 VL
3:14	36 VL
3:17	14 PN

Francisco Cândido Xavier / Emmanuel

Capítulo Versículo	Capítulo Obra	Capítulo Versículo	Capítulo Obra	Capítulo Versículo	Capítulo Obra
3:17	87 PVE	3:11	27 VL	2:6	167 FV
4:8	18 CVV	3:13	173 CVV	2:10	159 FV
4:11	151 FV	3:17	64 PN	2:11	158 FV
4:12	46 CVV	4:8	122 FV	2:21	96 PN
4:13	119 FV	4:8	99 PN	3:11	95 PN
4:14	170 VL	4:10	61 CVV	3:18	130 VL
4:15	105 PVE	4:10	130 FV	4:1	69 CVV
4:17	99 PVE	4:13	83 CVV	4:6	84 VL
5:3	24 CVV	4:16	80 VL	4:6	109 VL
5:5	80 FV	5:2	26 PN	4:18	4 PVE
5:9	96 PVE	5:3	69 VL	4:20	71 FV
5:9	100 PVE	5:7	8 PN	4:21	23 PVE
5:9	118 VL	**II Pedro**		4:21	167 VL
5:15	86 FV	1:1	154 PVE	**II João**	
5:16	102 FV	1:1	112 VL	1:6	110 VL
5:16	157 VL	1:5	122 PVE	1:8	120 CVV
5:20	178 VL	1:6	121 PVE	1:10	83 VL
I Pedro		1:14	12 PN	**III João**	
1:9	92 VL	1:20	Pref. CVV	1:11	122 PN
1:22	90 VL	1:21	156 CVV	**Judas**	
2:5	133 VL	2:11	131 CVV	1:3	49 VL
2:13	81 CVV	2:14	169 PN	1:10	48 CVV
2:15	60 CVV	2:19	99 CVV	**Apocalipse**	
2:21	171 FV	2:19	132 CVV	2:10	26 CVV
2:21	117 VL	3:17	43 VL	2:21	92 PN
3:8	114 PVE	3:18	46 VL	3:18	135 CVV
3:9	118 PN	**I João**		22:17	152 FV
3:10	80 PVE	1:7	41 PVE	22:20	10 FV
3:10	109 PVE	2:6	134 FV		
3:11	79 FV				

Índice geral[7]

A
Abraão
  resposta – 116
Abrangência
  caridade – 31
  Lei Divina – 106
Abundância – 56
Ação
  correção – 91
  delito – 160
  obsessor – 32
Aceitação
  desígnio – 81
  jugo – 103
  palavra – 25
  repreensão – 88
  sofrimento – 89
Adoração – 150
Adultério – 85
Adversário *ver* Inimigo
Afeição – 141
Aflição
  conforto – 97
  Jesus – 130
Agradecimento
  bênção – 100
  experiência – 100
  significado – 163

Ajuda – 57
Ajuste – 111
Angelitude – 61
AlémTúmulo
  comunicação – 96
  existência – 42
  tentação – 101
  virtudes – 177
Alma
  alimento – 134
  aprimoramento – 172
  manifestação – 141
  miopia – 129
  salvação – 151
  vício – 134
Ambição – 7
Amor
  compreensão – 95
  conceito – 137
  desígnio – 95
  erro – 92
  Evangelho – 80
  gesto – 58
  Jesus – 25
  mensagem – 95
  senda – 25
  sentimento – 95
  sublimidade – 92
Angelitude – 61
Ansiedade – 8
Aperfeiçoamento
  busca – 71

dificuldade – 101
esforço – 36, 68, 97
homem – 35
lentidão – 168
necessidade – 68
Aprimoramento
  aprendiz – 79
  esforço – 134
  Jesus – 69
  melhoria – 6
  morto – 42
  serviço – 167
  tempo – 6, 69
Aquisição espiritual – 18
Arrependimento
  demora – 92
  falta – 13
  renovação – 92
Ascensão espiritual
  caminho – 159
Atitude
  mental – 135
  palavra – 80
Ausência
  caridade – 83
  paz – 65
Autoanálise
  acontecimento – 167
Autoaperfeiçoamento
  trabalho – 139
Autoavaliação
  identificação – 13

---

[7] N.E.: Remete ao número do capítulo.

Autoconhecimento
   vontade – 158
Autoexame
   murmuração – 75
Autorrestauração – 160
Autoridade – 56
Auxílio-mútuo – 10

B

Bem-aventurança
   aflito – 89
   pobre de espírito – 89
   resistência – 89
   sofrimento – 89
   tentação – 101
   tesouro – 82
Bem
   convite – 39
   desvantagem – 11
   encontro – 39
   extensão – 131
   instrumento – 142
   mal – 39
   necessidade – 39
   origem – 39
   prática – 1, 4, 11, 39, 101, 128
   prazer – 73
   presença – 39
   prosseguimento – 8
   recompensa – 155
   resistência – 101
   serviço – 166
   sofrimento – 64
   tédio – 11
   teoria – 86
   vantagem – 11
   vitória – 64
Benefício
   caridade – 99
Benfeitor
   auxílio – 76
   criatura – 76
   espiritual – 155
   nuvem – 76
Bem
   enfermidade – 64
   eterno – 20
   preocupação – 28
   terreno – 20, 64
Boa-Nova
   ensino – 9
   servidor – 118
Boa vontade
   alcance – 66
   ausência – 153
   consequência – 66
   serviço – 26, 66
Boa intenção – 86
Boas maneiras – 43
Bondade
   contribuição – 31
   Deus – 63
   Jesus – 35
   manifestação – 99
Briga – 75

C

Caminho
   desvio – 28
   espiritual – 36
   evolutivo – 100
Caridade
   abrangência – 31, 97
   ausência – 83
   benefício – 84, 99
   compreensão – 31
   desprendimento – 106
   discernimento – 171
   doente – 97
   equívoco – 147
   espiritual – 106
   fase – 99
   intenção – 31
   Jesus – 103
   obrigação – 103
   obstáculo – 31
   plenitude – 147
   prática – 31, 97, 99, 106
   retribuição – 97
   teoria – 97
Centelha Divina – 25
César
   compromisso – 102
   Deus – 102
Céu
   conquista – 36
   mensagem – 95
   socorro – 63
Ciência
   teoria – 95
Companheiro
   abandono – 21
   Além-Túmulo – 21
   Jesus – 176
   meditação – 21
Companhia malfazeja – 32
Conciliação
   consciência – 120
   inimigo – 120
   resistência – 120
Confiança
   Deus – 22
   Jesus – 79
   valor – 150
Conflito
   família – 142
   natureza – 136
Conhecimento
   imortalidade – 176
   limitação – 72
   paz – 38
   prática – 46, 50
   proselitismo – 37
Conquista
   mediunidade – 162
Consciência
   cotidiano – 72
   Lei Divina – 41
   martírio – 19
Conselho
   inutilidade – 69

Contribuição
  bondade – 31
Convenção – 30
Conversação – 74
Convite divino – 68
Cooperação
  administrador – 104
  bem – 58
  cooperador – 145
  família – 117
Coração
  alimento – 134
  humilde – 129
Corpo físico
  acusação – 12
  conceito – 12
  cura – 179
  domínio – 158
  formação – 12
  Graça Divina – 50
  Misericórdia Divina – 12
  morte – 125
  necessidades – 23
  tabernáculo – 12
Correção
  entendimento – 88
  filho de Deus – 88
  mal – 88
  passado – 120
Crença
  aceitação – 174
  atração – 138
  benefício – 104
  compreensão – 131
  fuga – 133
  insegurança – 123
  inutilidade – 149
  problema – 131
  serviço – 3, 149
  superficialidade e – 132
Crente
  culto – 13
  preocupação – 145

Crescimento
  esforço – 150
Criação
  Divina – 55
  espírito – 4
  manifestação – 55
  mundo – 55
  natureza – 55
  pensamento – 15
  vida – 42
Criatura
  comentário – 47
  lamentação – 26
  perversa – 23
  Sabedoria Divina – 20
  transformação – 13, 29
Criminoso
  amparo – 122
Cristão
  governo estatal – 102
Cristianismo
  cruz – 103
  edifício – 10
  fonte – 33
  herdeiro – 83
  renovação – 48
  rotulagem – 23
  sectarismo – 10
Cristo *ver também* Jesus
  crença – 104
  trabalhador – 47
Cruz
  recordação – 103
  sacrifício – 103
  simbologia – 103
Culpa
  mal – 91
Culto exterior
  crente – 13
  religião – 13
Cura
  corpo físico – 44, 51
  enfermidade – 51
  Jesus – 44, 50

  libertação – 44
  mente – 44, 51
  permissão – 44
  utilidade – 155

D
Dádiva
  aplicação – 163
Débito
  passado – 179
Decepção – 11
Defeito
  descoberta – 172
  tolerância – 179
Demônio *ver* Diabo, Satanás
Desânimo
  inferioridade – 36
Descanso
  excesso – 34
Desdobramento
  Teresa d'Ávila – 174
Desencarnação
  significado – 42
Desencarnado
  aprimoramento – 42
Desgosto – 78
Desígnio
  amor – 95
  misericórdia – 73
  submissão – 59
  superior – 98
Desperdício – 172
Desvio
  caminho reto – 28
  sexo – 94
Deus
  atributo – 105
  César – 102
  concepção – 48
  generosidade – 92
  sabedoria – 63
  unicidade – 150
  vontade – 26, 48
Dever
  compreensão – 38

cumprimento – 5, 53, 172
homem – 55
regeneração – 81
Diabo
   apóstolo – 164
   teologia – 164
   Jesus – 164
Diabo *ver também* Satanás
Dificuldade
   alheia – 47
   enfrentamento – 100
   época – 21
   finalidade – 26
   lar – 4
   renovação – 15, 130
   significado – 121
   valor – 121
Discípulo sincero
   responsabilidade – 3
Discriminação
   mulher – 93
Divulgação
   Evangelho – 40
Doação
   alegria – 58
   vontade – 58
Doença *ver* Enfermidade
Dor – 125
Doutrina de Jesus
   transformação
   espiritual – 33
Doutrina dogmática
   resistência – 96

E

Edificação
   ação – 1
   colaboração – 4
   espiritual – 20
   eterna – 86
   linguagem – 170
   trabalho – 18

Educação sexual – 94
Egoísmo
   aumento – 125
   esquecimento – 27
Elogio pessoal – 69
Energia destrutiva – 75
Enfermidade
   compreensão – 44
   cura – 51
   homem – 44, 64
   queixa – 44
Ensinamento
   Divino – 130
   evangélico – 143
   Jesus – 16, 50, 68, 146
Entidade espiritual – 174
Erro
   arrependimento – 91, 92
   espírito inferior – 91
Escândalo – 123
Escola de iluminação – 33
Escolha – 28
Esforço
   aperfeiçoamento
   – 36, 68, 97
   céu – 36
   iluminativo – 1, 13, 159
   missionário – 33
   obediência – 16
   oração – 109
   possibilidade – 7
   renovação – 116
   servidor – 47
   tarefa – 43
   vibração – 35
Espiritismo
   escola religiosa – 116, 174
   Evangelho – 87
   fenômeno – Introd.
   fé – 174
   imortalidade – Introd.
   Jesus – Introd.
   obsessão – 174
   ponderação – 87

Espírito
   fraqueza – 12
   fuga – 19
   imundo – 174
   incapacidade – 158
   invocação – 54
   martírio – 19
   necessidade – 23
   perturbado – 19
   potência – 12
   superior – 87
   vida – 82
Espiritualidade
   conquista – 140
   serviço – 151
Evangelho
   adepto – 138
   amor – 80
   aplicação – 172
   aprendiz – 79
   companheiro – 151
   destinação – 148
   devotamento – 90
   dificuldade – 105
   divulgação – 40, 73
Espiritismo – 87
   acusação – 49
   contenda – 98
   iluminação – pref.
   intimidade – 79
   lição – 80
   mulher – 93
   obreiro – 150
   prática – 40
   pregador – 9
   seguidor – 151
   serviço – 53, 73, 179
   sofrimento – 159
   teoria social – 106
   testemunho – 9
   vida – 36
Espírito fraco – 12
Evolução
   compreensão – 87

esforço – 124
homem – 57
lentidão – 111
moral – 99
perseverança – 36
preparação – 136
Exemplo cristão – 140
Expositor – 151

F
Facção religiosa – 95
Facilidade terrestre – 53
Faculdade mediúnica – 162
Fala
  proveito – 142
  segurança – 80
Falta
  arrependimento – 13
Família – 117
Fé
  alheia – 37
  ausência – 113
  deslumbramento – 171
  exemplo – 142
  falta – 123
  homem – 9
  inutilidade – 179
  maravilha – 9
  oferenda – 139
  patrimônio – 23
  poder – 179
  portador – 9
  prodígio – 113
  retenção – 23
  serviço – 131
Felicidade
  encontro – 48
  Terra – 133
Filho
  agradecimento – 163
  egoísmo – 157
  pródigo – 18, 24, 157
Força divina
  suborno – 159

Francisco de Assis
  igreja – 174
Fraternidade
  aparência – 99
  laço – 43
  receita – 10
  relacionamento – 141
Fuga
  dever – 165
  religião – 19
Futilidade – 74

G
Generosidade – 92
Governo
  César – 102
  cristão – 102
Graça Divina
  corpo físico – 50
  recebimento – 163
Guerra – 65

H
Homem
  ação – 84
  anseio – 144
  aperfeiçoamento – 35
  categoria – pref.
  conquista – 7
  Criação Divina – 55
  dever – 47, 55
  enfermidade – 44
  espiritualização – 127
  evolução – 57
  exigência – 128
  fé – 9
  inconstância – 22
  indagação – 57
  Jesus – 61
  mal – 85
  progresso – 55
  repouso – 20
  sectarismo – 83
  testemunho – 126
  conversão – 35

Honestidade – 86
Hostilidade – 71
Humildade
  caminho – 38
  conquista – 43

I
Idolatria
  advertência – 33
  perigo – 52
Ignorância – 128
Iluminação interior
  candidato – 174
  esforço – 13
  imperativo – 143
  sintonia – 8
Imaturidade – 123
Imortalidade – 176
Imperfeição
  eliminação – 101
  identificação – 112
Impulso baixo – 16
Indagação – 57
Indulgência – 120
Inferioridade
  círculo – 155
  desânimo – 36
  sectarismo – 83
Influenciação
  obsessão – 32
Ingratidão filial – 157
Inimigo
  amor – 137
  auxílio – 137
  conciliação – 120
  defrontação – 166
  indulgência – 120
  revide – 142
Injustiça – 142
insensibilidade – 131
Intercâmbio espiritual
  ver Mediunidade
Interesse inferior – 169
Inutilidade
  conselho – 69

convenção – 30
Inveja
  bem material – 47
  insinuação – 91
  intranquilidade – 91
Invocação
  discípulo de Jesus – 54
  espírito – 54
  inimigo – 27
  necessidade – 54
  reunião doutrinária – 54
Irmão infeliz – 19
Isolamento – 34

J
Jesus
  amor – 25, 124
  apostolado – 52
  atendimento – 20
  atividade – 90
  ausência – 125
  bondade – 35, 124
  concessão – 29
  confiança – 79
  convite – 130
  crucificação – 103
  cruz – 139
  cura – 44, 50
  discípulo – 90
  ensinamento – 4, 20, 50, 71, 87, 149
  Espiritismo – pref.
  exemplo – 138
  feminismo – 93
  homem – 61
  Jerusalém – 20
  João Batista – 90
  magnetismo – 110
  mal – 122
  malfeitor – 81
  mandamento – 105
  misericórdia – 11
  missão – 62
  oficina – 53
  operário – 148
  pão – 129
  pecador – 122
  perturbado – 19
  preocupação – 124
  problema – 73
  reformador – 43
  sabedoria – 85
  serviço – 64, 118
  Terra – 90
  testemunho – 2, 62
  trabalhador – 4, 47, 90
  Unidade Divina – 105
Jesus *ver também* Cristo
Judas – 91
Jugo – 103
Julgamento
  Causa e Efeito – 72
Justiça
  Divina – 92, 120
  recompensa – 5
  serviço – 171

L
Lamentação – 119
Lar – 117
Lei de Causa e Efeito
  aplicação – 127
  julgamento – 72
Lei de Retorno
  conceito – 127
Lei Divina
  abrangência – 92, 106
  aplicação – 40, 106
  benefício – 41
  consciência – 41
  importância – 41
  interpretação – 92
Lei do Trabalho – 4
Lei humana
  alcance – 106
  justiça – 92, 101
  observância – 102
Lei reencarnacionista – 127
Leviandade – 170
Libertação
  alcance – 101
  cura – 44
  inferioridade – 166
  obediência – 16
Ligação terrestre – 116
Língua
  Tiago, Apóstolo – 170
Lisonja – 69
Louvor – 84
Luta
  círculo – 63
  companheiro – 21
  disposição – 160
  fuga – 46
  mal – 27
  vitória – 133
Luz Divina – 63

M
Má vontade
  consequência – 66
  doação – 58
  serviço – 66
Magnetismo – 110
Mágoa – 71
Mal
  combate – 64
  conceito – 122
  correção – 88
  culpa – 91
  eliminação – 27
  império – 173
  prática – 91
  retribuição – 117
  sintonia – 136
Malícia – 169
Manifestação
  bem – 128
  espiritual – 162
Maria Madalena
  Jesus – 119
  ressurreição – 168

Marido
  recomendação – 93
Materialismo – 55
Materialização
  zona de perturbação – 146
Médium
  iluminação – 1
  aperfeiçoamento – 52
  homenagem – 52
Mediunidade
  concessão – 96
  contrassenso – 116
  Cristianismo – 116
  Espiritismo – 116
  ignorância – 96
Mensagem escrita
  exame – 14
Mente
  bem – 72
  cura – 51
  posicionamento – 72
  potencialidade – 158
  sintonia – 72
Merecimento
  governo –102
Mestre *ver* Jesus
Milagre – 131
Misericórdia
  descrente – 124
  erro – 92
  extensão – 81
  Jesus – 11
Missionário
  bem – 152
  esforço – 33
  transformação – 33
Monturo
  significação de – 121
Morte
  corpo físico – 125
  gênero – 42
  renovação – 125
  significado – 42

Mudança – 144
Mulher
  culpa – 85
  discriminação – 93
  elevação – 93
  Evangelho – 93
  missão – 85
  regeneração – 93
Mundo superior – 1, 35, 5
Mundo Espiritual *ver*
Plano Espiritual

N

Natureza – 7
Necessidade
  bem – 39
  Jesus – 161
  sofrimento – 100
  vigilância – 98

O

Obediência
  desígnio – 16
  esforço – 16
  impulso – 16
  Jesus – 16
  libertação – 16
  vaidade – 16
Obra
  testemunho – 2
  valor – 2
Obreiro
  vitória – 145
Obrigação – 53
Obsessão
  influenciação – 32
  socorro – 174
  tratamento – 174
  obsessor – 32
Obstáculo
  superação – 168
  tropeço – 100
Ociosidade
  consequência – 32
  desgosto – 32

indiferença – 3
luta – 32
perigo – 50
progresso – 32
trabalho – 152
Ódio
  cura – 166
  semelhante – 156
Ofensa – 166
Opinião – 161
Oportunidade – 6
Oração
  aspecto divino – 132
  benefício – 17
  conteúdo – 108
  emissão – 17
  exigência – 108
  imperativo – 109
  ineficácia – 108
  influenciação – 17
  intercessória – 17
  Jesus – 17, 59
  mal – 45
  paz – 45
  sinceridade – 44
Oração *ver também* Prece
Orientação – 159
Otimismo – 75

P

Paciência – 8
Pai celestial *ver* Deus
Palavra
  aceitação – 25
  aplicação – 165
  caráter– 165
  concurso – 9
  exame – 14
  importância – 165
  Jesus – 165
  procedência – 14
  semeadura – 25
  Senhor – 69
  teoria – 2

Paraíso – 81
Paralisia espiritual – 37
Parecer – 47
Passado – 112
Patrimônio universal – 4
Paulo, Apóstolo
   areópago – 114
   conversão – 49
   equívoco – 178
   expiação – 126
   fraqueza – 46
   igreja de Corinto – 1
   igreja de Filipo – 56
   inspiração – 151
   interrogação – 154
   mulher – 93
   Pórcio Festo – 49
   pregação – 53, 49
   recomendação – 52
   revelação – 1
   solidão – 114, 119
   testemunho – 49, 69
   Timóteo – 84
   trabalho – 84
   transformação – 178
   verdade – 53
Paz
   ausência – 38, 65
   busca – 65
   clima – 65
   conhecimento – 38
Pecado *ver* Erro
Pedro, Apóstolo
   ensinamento – 26
Peloponeso
   companheiro – 1
Pensamento
   atração – 32
   criação –15
   criatura – 15
   crítica – 156
   elevação – 177
   identificação – 172
   onda – 17

perturbação – 15
renovação – 15
transformação – 15
Perseverança
   evolução – 36
   objetivo – 36
Personalidade
   melhoria – pref.
   título – 2
Perturbação
   pensamento – 15
Piedade
   exercício – 117
   sentimento – 107
Plano Espiritual
   céu – 89
   contato – 174
   manifestação – 10
Pobreza
   administração – 56
   prova – 56
Poder
   celestial – 172
   terrestre – 172
Ponderação
   Espiritismo – 87
Potencialidade
   psíquica – 110
Povo
   ensinamento – 87
   extravagância – 48
Prece
   atendimento – 59
   intercessória – 17
   lição – 59
Prece *ver também* Oração
Problema
   análise – 26
   ansiedade – 8
   crença – 131
   finalidade – 26
   resolução – 38, 119
Prodigalidade
   mundo – 24

Programa regenerativo
   adesão – 50
Progresso
   adepto – pref.
   caminhada – 68
   elemento – 159
   espiritual – 92
   estacionamento – 68
Proselitismo – 37
Prova
   adiantamento – 139
   conhecimento – 126
   pobreza – 56
Providência Divina
   bem – 63
   observação – 127
   rogativa – 100
Prudência
   critério – 163

Q
Queixa
   cultivo – 75
   doença – 44
   luta – 75

R
Reabilitação – 111
Reajustamento
   correção – 88
   Justiça Divina – 111
   oportunidade – 112
Rebanho – 115
Rebeldia – 88
Reclamação – 118
Recompensa
   inconformação – 153
   justiça – 5
   responsabilidade – 5
Reconciliação – 166
Recurso material – 111
Redenção – 115
Reencarnação
   aprendizado – 135
   família – 141

Reforma
  interior – 135
  íntima – 147
  resistência – 104
Regeneração
  demora – 135
  dever – 81
  meios –78, 100
  violência – 142
Reino Divino
  adversário – 98
  alcance – 115
  edificação – 3
  posse – 140
  servir – 34
  surgimento – 81
Remédio – 51
Renovação
  apelo – 132
  caminho – 32
  conduta íntima – 138
  Cristianismo – 48
  dificuldade – 136
  encontro – 178
  entendimento – 167
  esforço – 116
  Espírito – 158
  Evangelho – 130
  necessidade – 78
  pensamento – 15
Repreensão – 88
Resignação
  céu – 88
  sofrimento – 103
Resistência
  bem – 101
  dogmatismo – 96
  mal – 118
  reforma íntima – 104
  tentação – 100
Responsabilidade
  Além – 114
  consciência – 28
  divisão – 104

luta – 3
recompensa – 5
Ressurreição
  bom – 127
  conceito – 127
  individual – 176
  Jesus – 176
  mau – 127
Retribuição
  caridade – 97
  mal – 117
Revelação
  espiritual – 116
  Jesus – 149
Riqueza – 56

S
Sábado
  simbologia – 30
Salário
  inconformação – 5
  problema – 5
Salvação
  caminho – 103
  fé – 113
Santuário íntimo – 87
Satanás
  representação – 27
  símbolo – 164
Satanás *ver também* Diabo
Saúde – 44
Seara
  ceifeiros – 148
  consolação – 148
Sectarismo
  religioso – 35
  Cristianismo – 10
  evidência – 83
Semente
  homem – 7
  lição – 7
  papel – 7
  simbologia – 25

Sensação – 134
Sentimento
  negativo – 172
  nível – 157, 170
  superioridade – 37
Separação – 122, 124
Sepulcro – 168
Serenidade – 136
Serviço
  bem – 128
  compreensão – 57
  conteúdo – 8
  criatura – 9, 23
  Cristo – 179
  Divino – 129
  edificante – 1
  esforço – 47
  Espírito – 4
  Evangelho – 73
  interesse – 46
  oportunidade – 38
  responsabilidade – 104
  servidor – 27
Sexo
  animalizado – 94
  desregramento – 94
  desvio – 94
  reprodução – 94
Silêncio – 9, 34
Simão Cirineu – 103
Simão Pedro
  sombra – 172
  Simpatia – 111
Sintonia
  iluminação – 8
  mente – 72
  escrita – 14
  otimismo – 169
  pensamento – 160
  pessimismo – 169
  tendência – 156
Sofrimento
  aceitação – 89
  bemaventurança – 89

ensino – 121
exortação – 159
fuga – 104
Jesus – 81
necessidade – 100
rejeição – 125
resignação – 103
resistência – 89
Solidão
   amargura – 126
   companheiro – 21
   experiência – 21
   família – 117
   Judas – 91
Solidariedade – 10
Sovinice – 157
Sublimação – 146
Submissão – 59
Suicídio – 88
Superioridade
   sentimento – 37
   obediência – 102

T

Templo
   formalismo – 83
   terrestre – 46
Tempo
   aplicação – 153
   aproveitamento – 6
   importância – 69
   oportunidade – 6
   perda – 6, 128
   valorização – 6
Tendência inferior – 158
Tentação
   Além-Túmulo – 101
   impulso – 101
   perigo – 101
   resistência – 100

Teologia – 42
Terra
   destino – 29
   escola – 33
   felicidade – 133
   Jesus – 29
   purificação – 18
   possibilidade – 156
   purificação – 18
   renascimento – 20
   transformação – 164
   tribulação – 159
Tesouro
   céu – 156
   posse – 56, 162
Testemunho
   conquista – 18
   dificuldade – 136
   espiritual – 76
   Jesus – 2, 62
   obra – 2
   pessoal – 33
   Paulo de Tarso – 49, 119
Tiago, apóstolo
   desídia – 170
   língua – 170
Timóteo
   Paulo, Apóstolo – 84
Título convencional – 2
Tormento – 118
Trabalhador
   devotado – 148
   Jesus – 90
Trabalho
   boa vontade – 153
   coletivo – 1
   convite – 69
   dedicação – 27
   edificação – 18
   finalidade – 84

individual – 1, 84
oportunidade – 57
retribuição – 155
santificante – 84
valor – 46
Transformação espiritual
   cristão – 176
   culto – 13, 132
   esforço – 144
   missionário – 33
   pensamento – 15
   problema – 167
Trevas – 87

V

Vaidade – 43
Verdade
   busca – 146
   distância – 129
   divina – 48
   dosagem – 77
   interpretação – 146
   religiosa – 19
Vida
   corpo – 78
   criação – 42
   desgosto – 78
   Espírito – 82
   espiritual – 174
   eterna – 18
   eternidade – 95
   renovação – 78, 114
   revelação – 176
Vigilância
   conversação – 74
   necessidade – 98
Violência – 142
Virtude
   magnetismo – 110
Vontade Divina
   compreensão – 59

Tabela de Edições
Pão nosso

EDI.	IMP.	ANO	TIR.	FORM.
1	1	1950	15.000	11x15,5
2	1	1959	6.000	11x15,5
3	1	1966	5.000	11x15,5
4	1	1972	10.000	11x15,5
5	1	1977	10.200	11x15,5
6	1	1979	10.200	11x15,5
7	1	1980	10.200	11x15,5
8	1	1981	10.200	11x15,5
9	1	1982	10.200	11x15,5
10	1	1984	10.200	11x15,5
11	1	1985	10.200	11x15,5
12	1	1986	20.200	11x15,5
13	1	1987	25.200	11x15,5
14	1	1990	20.200	11x15,5
15	1	1992	30.000	11x15,5
16	1	1994	25.000	11x15,5
17	1	1996	36.000	11x15,5
18	1	1999	10.000	11x15,5
19	1	2000	5.000	11x15,5
20	1	2001	5.000	11x15,5
21	1	2001	5.000	11x15,5
22	1	2002	10.000	11x15,5
23	1	2003	15.000	11x15,5
24	1	2004	10.000	11x15,5
25	1	2005	2.000	11x15,5
26	1	2005	5.000	11x15,5
27	1	2006	10.000	11x15,5
28	1	2006	10.000	11x15,5
29	1	2007	10.000	11x15,5
29	2	2008	10.000	11x15,5
29	3	2009	12.000	11x15,5
29	4	2010	20.000	11x15,5
29	5	2011	8.000	11x15,5
29	6	2012	10.000	11x15,5
30	1	2015	10.000	10x15
30	2	2016	10.000	10x15
30	3	2017	7.000	10x15
30	4	2017	10.000	10x15
30	5	2018	3.700	10x15
30	6	2018	5.000	10x15
30	7	2018	4.000	10x15
30	8	2019	3.600	10x15
30	9	2019	3.800	10x15
30	10	2020	8.500	10x15
30	11	2020	2.500	10x15
30	12	2022	5.000	10x15,5

TOTAL DE EXEMPLARES: 494.100

EDI.	IMP.	ANO	TIR.	FORM.
1	1	2005	10.000	14x21
1	2	2009	2.000	14x21
1	3	2010	5.000	14x21
1	4	2012	10.000	14x21
1	5	2013	10.000	14x21
1	6	2014	6.000	14x21
1	7	2014	10.000	14x21
1	8	2015	10.000	14x21
1	9	2015	7.000	14x21
1	10	2016	9.000	14x21
1	11	2017	6.000	14x21
1	12	2018	1.800	14x21
1	13	2018	1.800	14x21
1	14	2018	3.000	14x21
1	15	2019	2.200	14x21
1	16	2019	2.300	14x21
1	17	2020	5.500	14x21
1	18	2021	5.000	14x21
1	19	2022	2.000	14x21

TOTAL DE EXEMPLARES: 108.600

EDI.	IMP.	ANO	TIR.	FORM.
1	1	2022	6.000	15,5x23

TOTAL DE EXEMPLARES: 6.000
TOTAL GERAL DE EXEMPLARES: 608.700

COLEÇÃO
ESTUDANDO A
CODIFICAÇÃO

Uma das mais belas coleções da literatura espírita, composta pelos livros *Religião dos espíritos*, *Seara dos médiuns*, *O Espírito da Verdade*, *Justiça divina* e *Estude e viva*, apresenta um estudo aprofundado das obras da Codificação Espírita.

FEB Fonte Viva

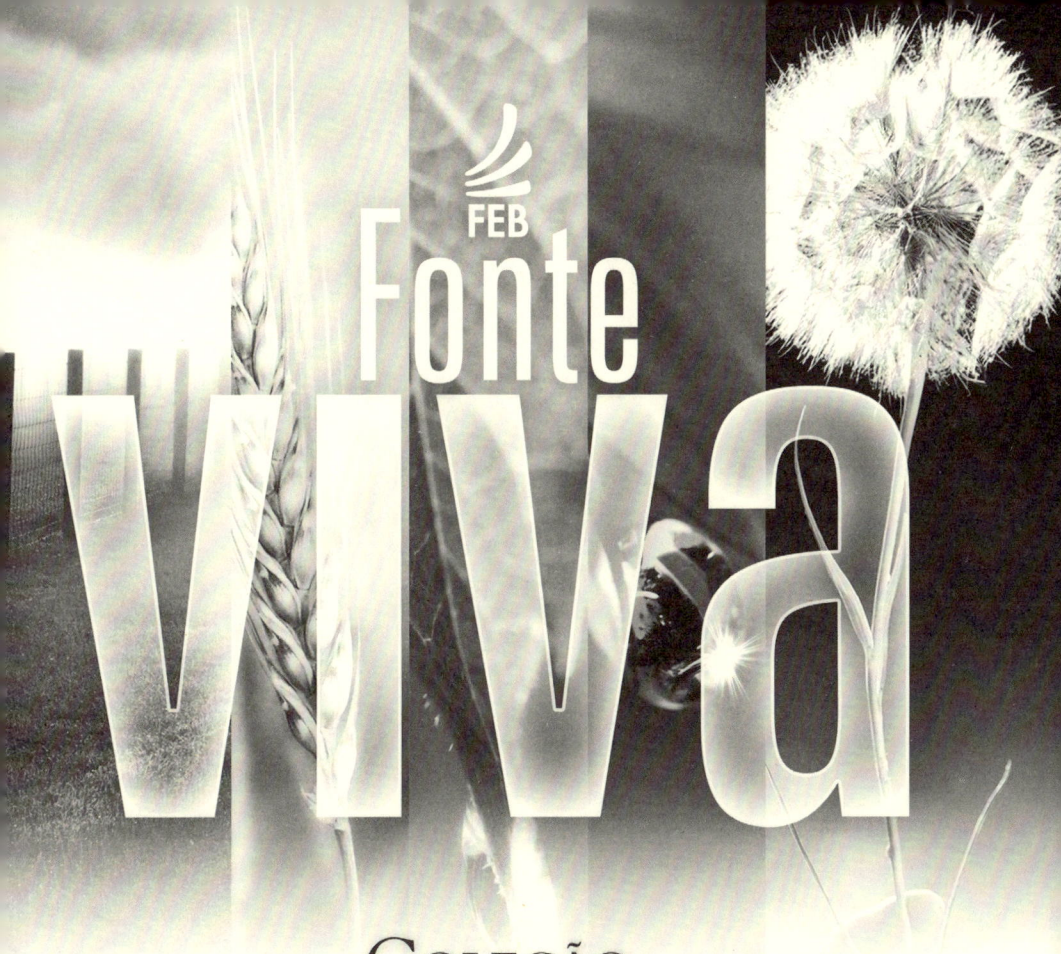

COLEÇÃO

| 1949 | 1950 | 1952 | 1956 | 1964 |

BIOGRAFIA DE
CHICO XAVIER

Um dos mais destacados expoentes da cultura brasileira do século XX, Chico Xavier nasceu em 1910 e, desde os 5 anos, começou a ver e ouvir os Espíritos, tendo estabelecido com eles um relacionamento que deu resultado à publicação de mais de 400 obras.

Esse intenso trabalho foi interrompido apenas em 2002, ano de sua desencarnação, e resultou em um acervo de diversos gêneros literários, como poemas, contos, crônicas, romances, obras de caráter científico, filosófico e religioso.

Testemunhando qualidade literária extraordinária, as obras de Chico Xavier são um autêntico sucesso editorial e já alcançaram mais de 25 milhões de exemplares somente em língua portuguesa. Muitos de seus livros são *best-sellers* indiscutíveis, inspirando a produção de filmes, peças de teatro, programas e novelas de televisão.

De personalidade bondosa, nosso querido Chico sempre se dedicou ao auxílio dos mais necessitados; o trabalho em benefício do próximo possibilitou ao médium a indicação, por mais de 10 milhões de pessoas, ao Prêmio Nobel da Paz de 1981. No ano de 2012, Francisco Cândido Xavier foi eleito "O maior brasileiro de todos os tempos", em evento realizado pelo Sistema Brasileiro de Televisão (SBT).

BIOGRAFIA DE
EMMANUEL

Conhecido por ser o guia espiritual do médium Francisco Cândido Xavier, o Espírito Emmanuel tem atuação de destaque no campo do estudo, prática e divulgação do Evangelho de Jesus a partir da Doutrina Espírita. O mentor fez parte da equipe que auxiliou Allan Kardec na Codificação e assinou a primeira, das duas mensagens, intitulada "O egoísmo", item 11, disponível no capítulo XI de *O evangelho segundo o espiritismo*.

Por meio de suas expressões literárias, Emmanuel revelou suas encarnações mais conhecidas: o senador romano Publius Lentulus, o escravo Nestório, o padre Manuel da Nóbrega e o padre Damiano. O primeiro encontro com Chico Xavier aconteceu em 1931, quando confidenciou ao médium os planos de publicar 30 obras. Emmanuel foi o coordenador de todo o trabalho psicografado por Chico. A parceria entre os dois trouxe à luz mais de uma centena de obras espíritas, das quais 60 fazem parte do catálogo da FEB e três foram inseridas entre os dez melhores livros espíritas do século XX.

Traduzidos para vários idiomas, os livros de Emmanuel englobam romances históricos, mensagens e conselhos espirituais, entre outros, que repassam profundo conhecimento sobre a mensagem do Cristo, seu estudo e sua vivência.

www.febeditora.com.br

🅞 /febeditora 🅕 /febeditoraoficial ◢ /febeditora

Conselho Editorial:
Jorge Godinho Barreto Nery – Presidente
Geraldo Campetti Sobrinho – Coord. Editorial
Cirne Ferreira de Araújo
Evandro Noleto Bezerra
Maria de Lourdes Pereira de Oliveira
Marta Antunes de Oliveira de Moura
Miriam Lúcia Herrera Masotti Dusi

Produção Editorial:
Elizabete de Jesus Moreira

Revisão:
Federação Espírita Brasileira e União Espírita Mineira

Capa:
Luciano Carneiro Holanda

Projeto Gráfico:
Luciano Carneiro Holanda
Rones José Silvano de Lima – instagram.com/bookebooks_designer

Diagramação:
Thiago Pereira Campos

Foto de Capa:
http://www.dreamstime.com/projoe_portx80

Normalização Técnica:
Biblioteca de Obras Raras e Documentos Patrimoniais do Livro

Esta edição foi impressa pela Ipsis Gráfica e Editora S.A., Santo André, SP, com tiragem de 6 mil exemplares, todos em formato fechado de 155x230 mm e com mancha de 118x186 mm. Os papéis utilizados foram o Off white 80 g/m² para o miolo e o revestimento Couché Fosco 150 g/m² para a capa dura. O texto principal foi composto em fonte Adobe Garamond 16/19 e os títulos em Adobe Garamond 32/28. Impresso no Brasil. *Presita en Brazilo.*

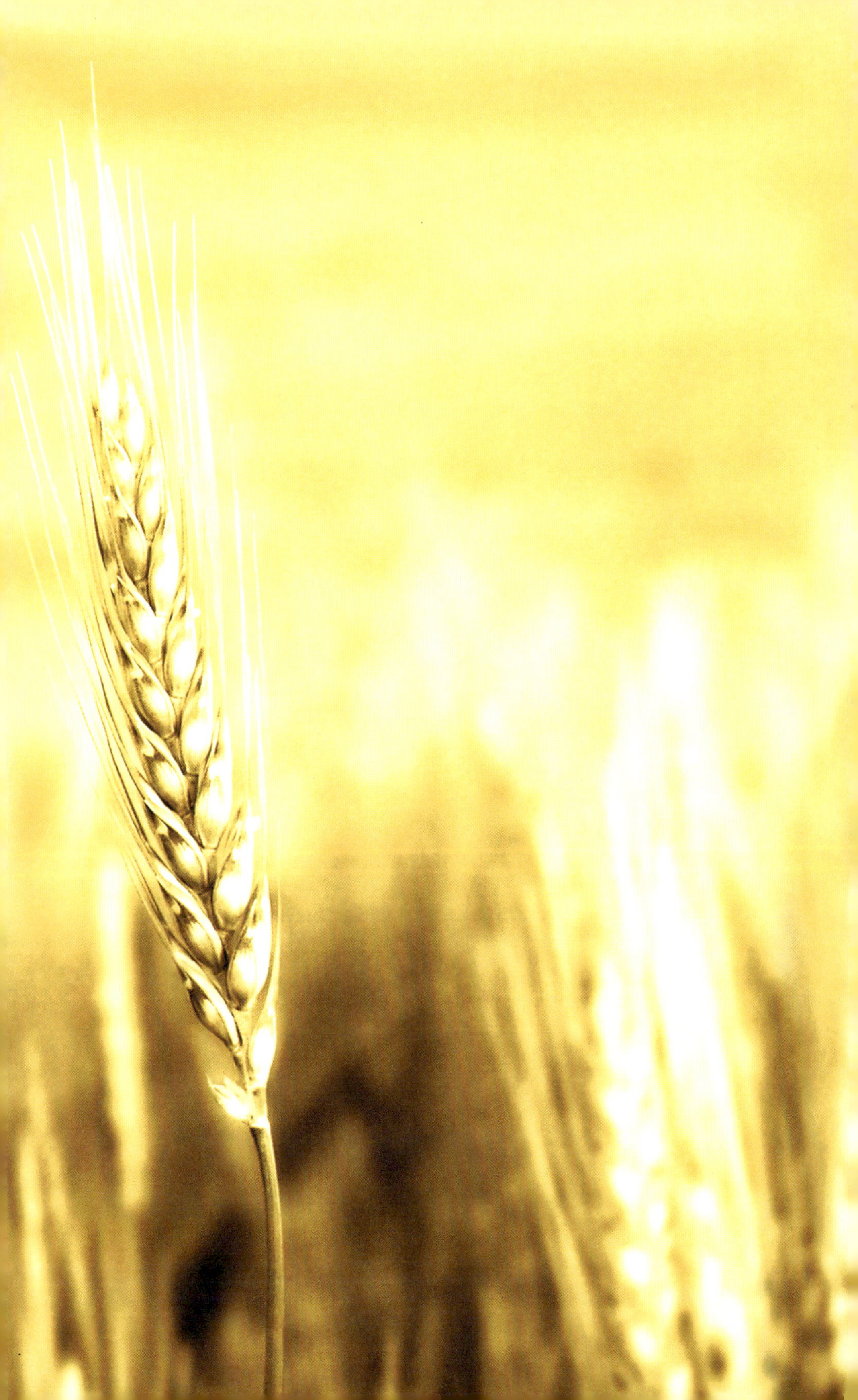